JN020951

パンに関する情報と深い理解力が身につく

総監修　ホームメイドクッキング

実業之日本社

はじめに

「奥深いパンの世界を迷うことなく案内できる幅広い知識を持った人」という「パンシェルジュ検定」はパン業界やパンフリークの方で話題となり、多くのパン好きの方が受験されています。

3級（ベーシック）では入門編としてパンの製法・道具・材料の知識、歴史や世界のパンの紹介、衛生に関する知識、マナーなど、幅広い分野から基本的な問題が出題されました。2級（プロフェッショナル）はパンのマーケット、トレンドから小麦粉に関する理解や本格的なパンづくりの工程と、天然酵母のおこし方など、それぞれをさらに深く追求し、「パンシェルジュ」にふさわしい知識といろいろなパンづくりのコツを学んでいく「実践編」です。

2級の試験は3級に比べ、より難易度の高い問題となっています。本書はパンシェルジュ検定の2級に準拠した対策本ですが、3級の内容も含め、高いレベルに挑戦する気持ちを持って、本書をしっかり理解し、勉強していただければ必ず合格されるはず。また、学んだ知識はこれからのパン人生に大きな潤いも与えてくれることでしょう。

皆さんの合格をお祈りいたします。

もくじ

第3章 小麦を学ぶ

第4章 パンの世界が広がる材料

第5章 パンづくりの工程 2級編

第6章 パンとのコンビネーション

第7章 天然酵母を知る

巻末付録

本書の使い方

本書の構成

各章　テキスト

2級に出題される範囲をテーマごとにまとめています。

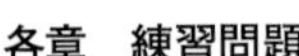

各章　練習問題

各章で学んだ内容の基礎的な問題。学んだらすぐに復習されることで知識が身につきます。

各章　練習問題解答解説

練習問題の解答、その解説と該当のページも記載しています。

模擬問題

実際の検定試験に出題されたものと同じ問題を100問掲載しています。

模擬問題解答

過去問題の解答と該当する記述があるページも記載しています。

受験のヒント

2級の受験資格は3級合格が必須ではありません。この本の過去問題では2級に関する問題のみを取り上げていますが、検定においては3級レベルの問題も出題されることが想定されます。

また、テキスト本文だけでなく本書に掲載されているコラムや問題の解説からも出題される可能性がありますので十分に勉強され、理解されることをお勧めします。

第1章 パンのマーケット

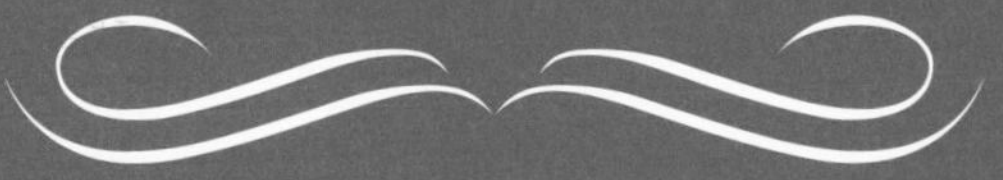

西洋から伝わったパンは、現在ではさまざまなかたちで
私たち日本人の食卓に溶け込んでいます。
朝食として、また手軽なランチに、あるいはおやつに、
そしてワインやディナーの友として……。
しかしその国内消費・生産量や市場の規模などは
あまり知られていません。
この章ではパンに関する消費、生産、価格など
各種数値やパンの流通について学び、
改めて私たちの暮らしとパンのことを、より深く学んでいきます。

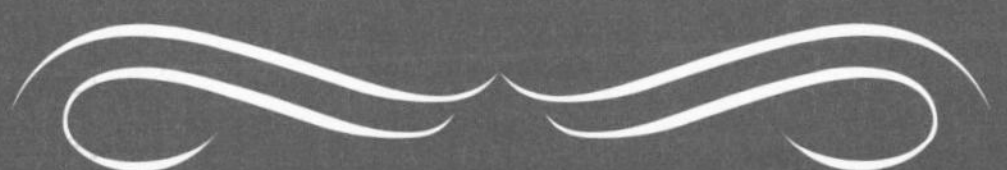

1 パンの市場規模

日常の食生活に溶け込んでいるパン。その市場の規模や移り変わりを、消費の側面からみてみましょう。

消費からみた市場の動向

1989年以降のパン消費額を1世帯（2人以上の世帯）でみてみると、パンの市場は大きくは横ばいながら、安定して高い水準で推移しています（図1-1）。

図1-1　1世帯当たりのパンの消費額の推移

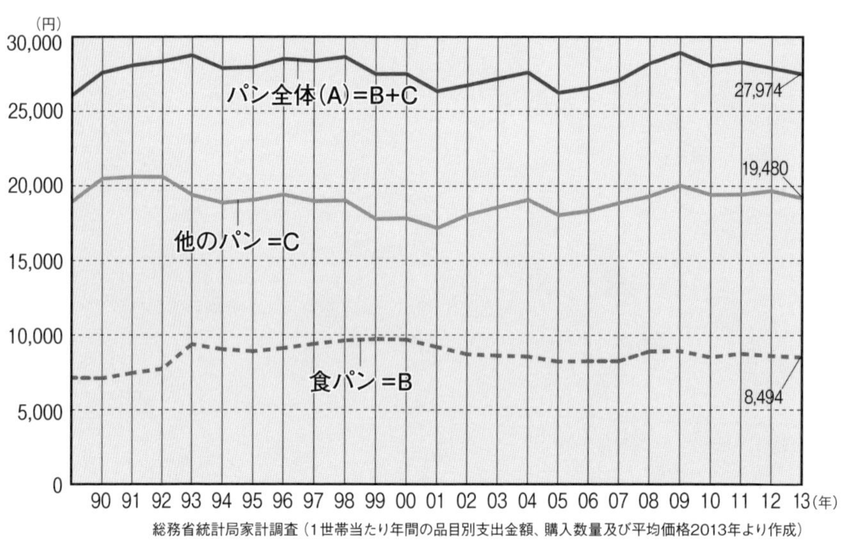

総務省統計局家計調査（1世帯当たり年間の品目別支出金額、購入数量及び平均価格2013年より作成）

2013年のパン全体（図1-1内A）の消費金額は年平均2万7974円、量としては4万4927gです。国勢調査（2010年）によると、日本の2人以上世帯の数は3505万7000。単純計算では、1人世帯を除いても9806億8452万円、まさに1兆円に近い規模をもっています。しかも、他のパン（図1-1内C）には総務省の定義上調理パンは含まれていませんので（次ページ）、食品の中でもその市場はめん類を大きく上回り、米に次ぐ一大市場を形成していることがわかります。

消費は低価格・小容量化志向へ

大手パンメーカーの売り上げ商品は、食パン、菓子パンが主力です。各メーカーともさまざまな趣向をこらしたパンを打ち出していますが、最近の消費者には低価格と小容量化を志向する傾向がみられます。

統計表に見るパンの区分け

第1章では、2013年総務省家計調査・収支項目分類表の定義に基づいて、「食パン」「他のパン」「調理パン」と区分けしています。

- **食パン**
  パンのうち、基本的な原材料（穀粉、酵母種、食塩、砂糖、脂肪）のみでできているもの。
  ●サンドイッチブレッド、ソフトブレッド、バターブレッド　●バターロール
  ●コッペパン、フランスパン　●ハンバーガー用パン、ホットドッグ用パン

- **他のパン**
  パンのうち、基本的な原材料以外の材料を加え、はじめからひとつに成形されたパン。
  原材料としてハム、卵、チーズなどが使われていてもよい。
  ●アップルパン（アップルパイなど）、あんパン、ココアパン、コロネ
  ●ジャムパン、ブドウパン、メロンパン
  ●カレーパン、ピロシキ、ピザパン　●ジャム・バター・チョコレートつき食パン
  ●野菜入り食パン

- **調理パン**
  工業的加工以外の一般的に家庭や飲食店で行うような調理の全部または一部を行った食品のことを調理食品といい、冷凍調理食品、レトルトパウチ食品及び複数素材を調理したものも含める。このうちパンを材料として、それに加工食品、調理食品、野菜、果物などをはさんで調製されたものを調理パンという。冷凍品も含む。
  ●ハムサンド、野菜サンド
  ●コロッケパン、メンチパン（メンチカツサンドなど）、焼きそばパン
  ●ホットドッグ、ハンバーガー

パンの消費は西高東低？

人口5万人以上の日本の都市における、2013 年のパンに対する支出額は、1世帯（2人以上の世帯）当たり年平均2万 8572 円（図 1-2）。米やめん類を含む穀類全体の支出に占める割合で、いちばん比率が低いのは北海道で、28.8%。10 の地域ブロックでいちばん多いのは 39.8%の近畿地方。支出額では、近畿・中国地方で、平均より高くなっています。

図 1-2　地域別にみたパンの年間・平均支出額

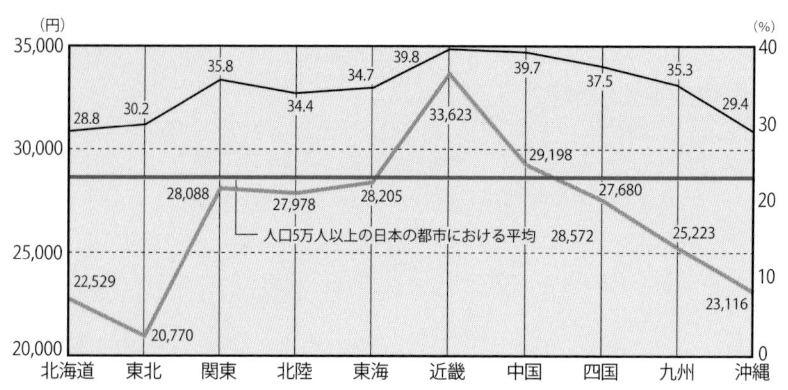

総務省統計局家計調査
（都市階級・地方・都道府県庁所在市別１世帯当たり年間の品目別支出金額、購入数量、２人以上の世帯、2013 年より）

消費の特色からみえるお国柄

パンの消費全体に占める食パンの割合の全国平均は 30.7%（調理パンを除く）ですが、四国で 35.5%、沖縄では 34.3%と、食パン率は西日本が高い傾向にあります（図 1-3）。また、近畿地方はパン全体の消費量が多いだけでなく、製パン最大手の山崎製パンによると、「食パンの売れ筋でみると、関西では厚切りが好まれる」（広報ＩＲ室）とのこと。関東では６枚切りの食パンが主流なのに対し、関西では５枚切りの人気が高いようです。

主食である穀類というくくりでみると、米どころ東北は他の都道府県に比べ米ではなくうどんやそば、中華めんといっためん類の消費が多く、北陸では米ともちの消費量が高くなっています。統計からは各地域のお国柄がうかがえます。

図 1-3　地域別にみた穀類の年間・平均支出額

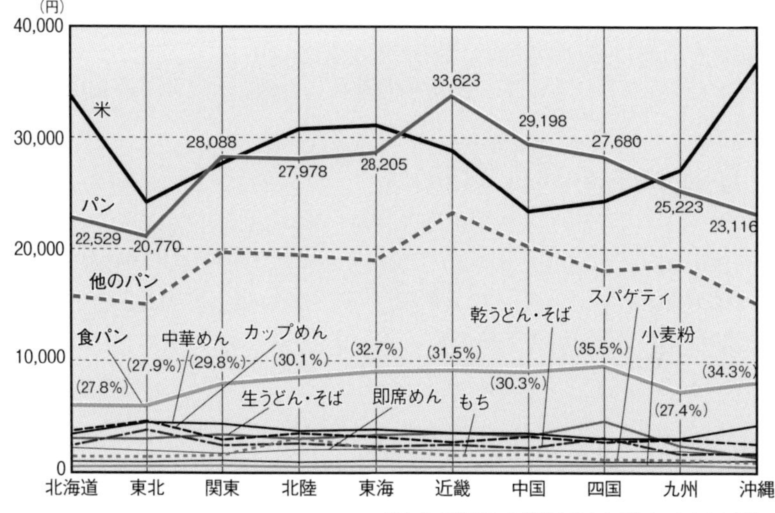

※（　）の数字はパン消費全体の中で食パンの占める割合

総務省統計局家計調査
（都市階級・地方・都道府県庁所在市別１世帯当たり年間の品目別支出金額、購入数量及び平均価格、２人以上の世帯、2013 年より作成）

神戸市がパン消費量全国1位

では、いちばんパンの消費量が高いのはどこかといえば、開かれた港町のイメージのある神戸市（2011 ～ 2013 年平均、総務省統計局家計調査による）。

１世帯当たり消費量の全国平均は約 45kg ですが、これが神戸では 62.821kg と、平均の約 1.4 倍にもなっているのです。第２位は京都市と近畿地方の高さが際立っています。

2 パンの生産量と私たちの暮らし

消費量や支出額は横ばい傾向にあることを先に述べましたが、ではパンの生産量はどうなっているのか。私たちの暮らしと合わせてみてみましょう。

生産量はやや減少傾向に

1991 ～ 2011 年の、計 21 年にわたるパン全体をみると、年間生産量は 120 万トン前後でやや減少傾向であることがわかります（図 1-4）。食パンはわずかに減少、菓子パンやその他のパンは増加、そして学校給食のパンについては、生産量は大きく減少しています。

図 1-4　パン・その他小麦粉製品の生産量の推移

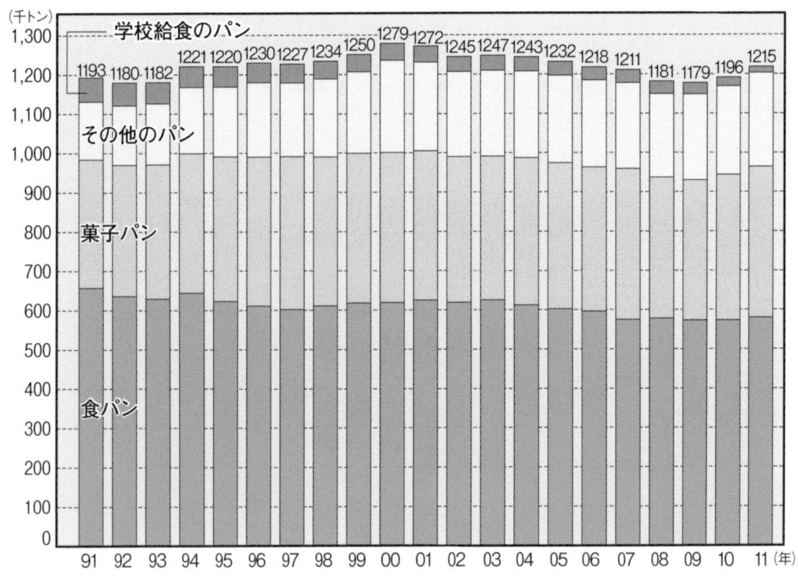

農林水産省総合食料局消費流通課「米麦加工食品関連指標」より作成
※数値は 1000 トン以下切り捨てなので合計数とは若干異なります。

季節で購入量の変化は

2013年12月時点のグラフからは、1世帯1か月当たりのパン購入数量は3.62kg。前月に比べてマイナス0.05kgと、わずかに減少していたことがわかります（図1-5）。
米やめん類も含めていずれも大きくみると横ばいですが、パンは米に比べると年間変動がほとんどないといえます。3〜5月に消費量が比較的多く、梅雨から夏にかけては減っています。しかし米は新米のとれる9〜10月に購入量が極端に増えており、四季のある日本の気候と食糧消費量の関連がうかがえます。

図1-5　1世帯1か月当たりの購入数量の推移

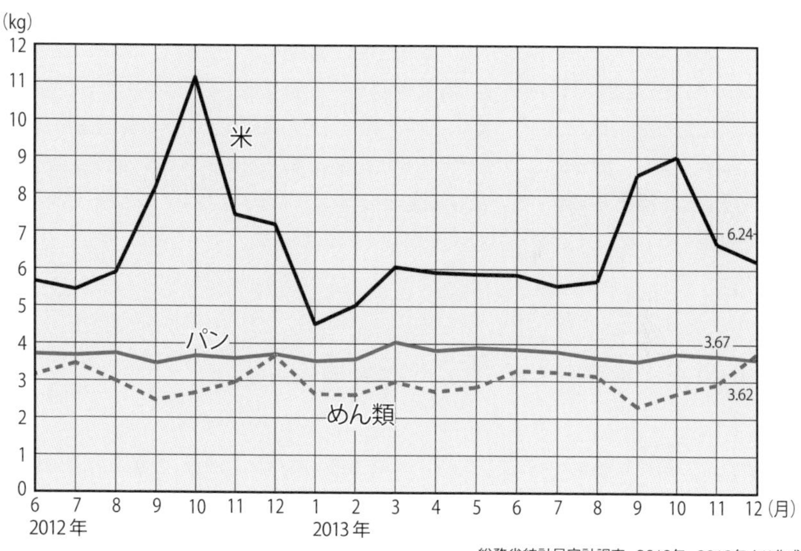

総務省統計局家計調査、2012年、2013年より作成

パンの価格推移

パンの価格はその原料となる小麦粉などの価格に影響されます。
従来、政府からの小麦購入価格（政府売渡価格）は年間を通して一定の「固定制」でしたが、2007年から「変動制」に変わりました。原料の85%以上を占める輸入小麦の価格は、産地の気候などによる収穫に影響され、過去のデータをみると乱高下がみられます。

図 1-6　食パン（1kg）の価格推移

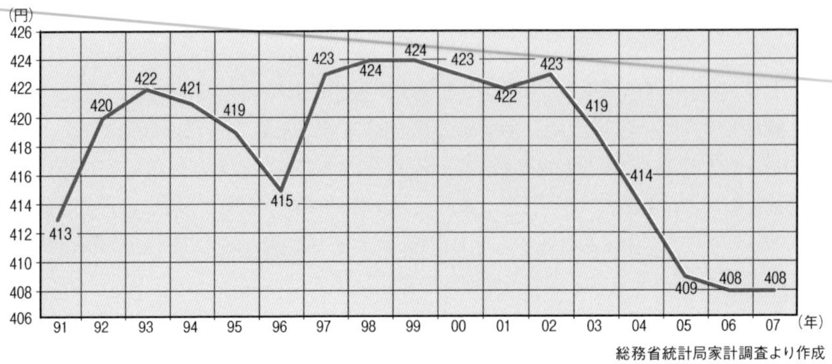

総務省統計局家計調査より作成

食パンの価格にもその影響はみられ、ある程度の価格の上下動をしています（図 1-6）。しかし、メーカーなどの努力もあり、消費者価格の変動は最小限に抑えられ、需要はほぼ横ばい状態が保たれています。また 2007 年から、食糧法改正により外国産小麦の売渡は、年間を通じて固定的な価格で行う方式が廃止され、国際相場や為替相場などの変動を反映した価格で売渡する、価格変動制が導入されました。これにより、輸入小麦は政府が定める「政府売渡価格」によって取引されています。

地域による価格の違い（任意選択の県）

では食パンの消費者価格は地域によって違うのでしょうか。地域による価格の差は多少みられます（図 1-7）。また、平均価格から常に高めの販売がされている県と逆に平均して安い県ははっきり分かれています。この 10 年価格が高い県は熊本県や大阪府、沖縄県など。低価格で安定しているのは秋田県、福島県、宮城県など。

また、京都府や北海道は 10 年前より低価格になりつつあります。

図 1-7　食パン（1kg）の都道府県別価格推移

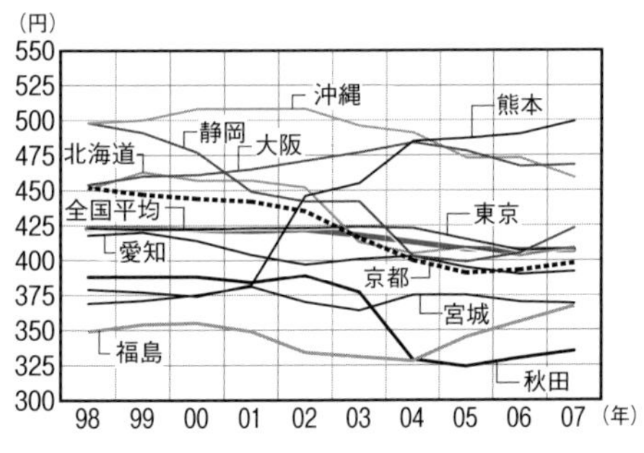

総務省統計局家計調査より作成

世界のパンの価格

パンはどれくらいの価格で売られているのでしょうか。2008 年の日本のパン（白小麦パン）の平均小売価格は 500 g当たり 2.36 米ドル（表 1-1）で、アジア地域ではかなり高いほうといえるでしょう。しかし日本は物価が高いといわれますが、欧米をはじめとする他国と比較するとこれは必ずしも高いとは言い切れない価格です。物価の高いヨーロッパの中には、オーストリアやデンマークなど、3米ドル前後もする国もみられます。

表 1-1　世界各国にみるパンの小売価格（米ドル）

国（地域）	年次	白小麦パン（500g）
アジア		
日本	2008 年	2.36
イスラエル	2008 年	1.83
インド	2008 年	0.37
インドネシア	2008 年	0.77
韓国	2008 年	2.16
サウジアラビア	2007 年	0.72
シンガポール	2008 年	1.24
タイ	2006 年	0.72
トルコ	2008 年	1.54
バングラデシュ	2008 年	0.34
フィリピン	2008 年	0.98
香港	2008 年	1.22
マレーシア	2008 年	0.72
北アメリカ		
アメリカ合衆国	2008 年	1.54
カナダ	2008 年	1.72
メキシコ	2008 年	1.44
南アメリカ		
アルゼンチン	2008 年	1.74
ペルー	2008 年	1.60

国（地域）	年次	白小麦パン（500g）
ヨーロッパ		
イギリス	2008 年	1.46
イタリア	2008 年	1.39
ウクライナ	2008 年	0.34
オーストリア	2008 年	3.82
スイス	2008 年	1.71
スウェーデン	2008 年	2.42
スペイン	2008 年	2.23
デンマーク	2008 年	2.87
ハンガリー	2008 年	1.54
フランス	2008 年	1.74
ベルギー	2007 年	2.11
ポルトガル	2007 年	2.03
ロシア	2008 年	0.79
アフリカ		
エチオピア	2008 年	0.52
南アフリカ	2008 年	0.67
モロッコ	2007 年	0.37
オセアニア		
オーストラリア	2008 年	2.34
ニュージーランド	2008 年	0.76

総務省統計局/世界の統計第13章　物価・家計（13-3主要食料品の小売価格）、2013年より作成

3 パン原料の自給率

パンの主な原料である小麦と小麦粉について日本国内での生産量、自給率などの側面からみていきます。

輸入小麦を多く使う国産小麦粉

日本での小麦粉の生産量は、おおむね 460 万〜 470 万トンで安定的に推移してきてはいました。原料となる小麦は国産だけでは量・質ともに満たせないため、政府が外国産小麦を計画的に輸入して製粉会社に売り渡しています。各製粉会社ではパン用、めん用、菓子用、また業務用、家庭用など、用途・等級別に小麦の種類をブレンドして小麦粉を製造します。

図 1-8　小麦粉の生産量の推移

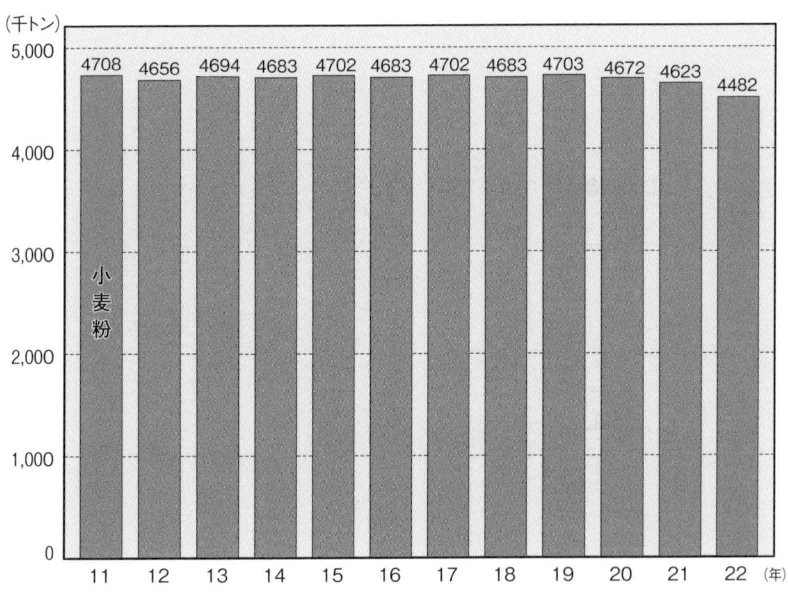

農林水産省「麦の需給に関する見通し」(2022 年) より作成

低い小麦の自給率

自給率は基本的に重量ベースで、「国内生産量」÷「国内消費仕向量」× 100 と計算されます。かつて 1960 年には 39%あった小麦の自給率は 1974 年には 4%まで落ち、以後は 10%前後で推移しています（図 1-9）。米や肉類、牛乳・乳製品などに比べると圧倒的に低いことがわかります（図 1-10）。しかも国産小麦はグルテンなどタンパク質の含有量が中程度のもの（中力粉）が多く、パン用小麦としての供給は限定されています（→ P74）。

図 1-9　小麦自給率の推移

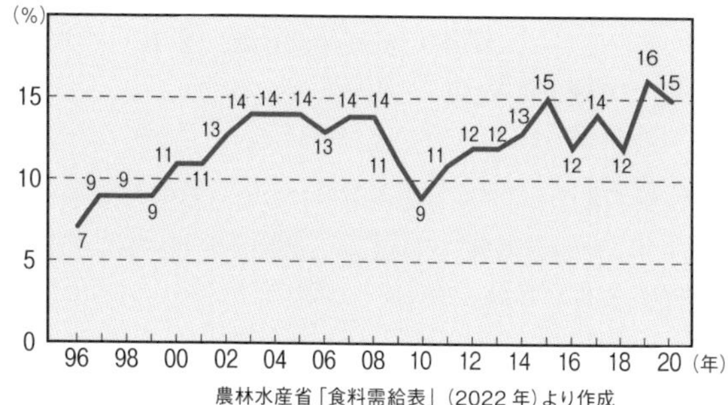

農林水産省「食料需給表」（2022 年）より作成

図 1-10　主な食料の自給率

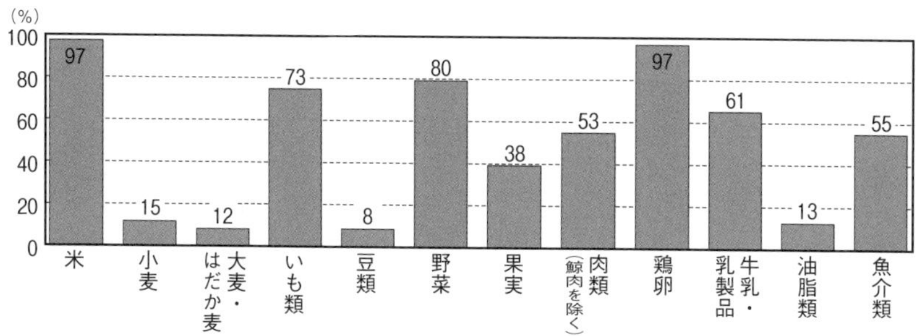

農林水産省「食料自給率の推移」（2022 年概算）を基に作成

小麦は、パンやめん、菓子、家庭用小麦粉などのさまざまなかたちで年間およそ 700 万トン消費されていますが、国産のものは、主に日本めん用、菓子用として利用されてきました。パン用に使われている小麦に限ると国内小麦の使用比率は 1%程度とみられていて、パンに用いる小麦のほとんどは外国から輸入しています。主な輸入国はアメリカ、カナダ、オーストラリアとなっています。

4 大手パンメーカーいろいろ

パンの大手メーカーは、工場から直接小売店に製品を配送することで、製品の鮮度を保ち、かつ流通コストを節減することに成功しています。ここでは大手パンメーカー※の歴史や特色をみていきましょう。

パンの独特な流通ルート

道路を疾駆する、「○○パン」などと車体に書かれたトラック。この光景を、街で見かけたことのない人はいないでしょう。大手メーカーの多くは、自社工場で製造したパンを、店ごとに仕分けしてこのトラックに積み、日々、直接小売店に配達しています。これは安くて新鮮な商品を消費者に届けるという理念に基づいています。

そのほかに、大手物流センターに製品を納めてそこから大型スーパーに製品を配達する方法や、物流専門業者（自社グループ会社を含む）に委託して配達する方法などがあります。どの方式を採るか、またその比率は、企業により異なっています。

ここでは、一般社団法人日本パン工業会（表1-2）に加盟する大手パンメーカーの特色をみていきます。

※ここでいうパンメーカーとは自社内に生産工場を持ち、主として小売店（ベーカリー、コンビニエンスストア、スーパーマーケットなど）に自社ブランドのパンを卸す形態のパン生産業者をいう。

ミニカーにもなっているパンメーカーのトラック

図 1-11　大手各社のパン売上高とそのシェア（%）

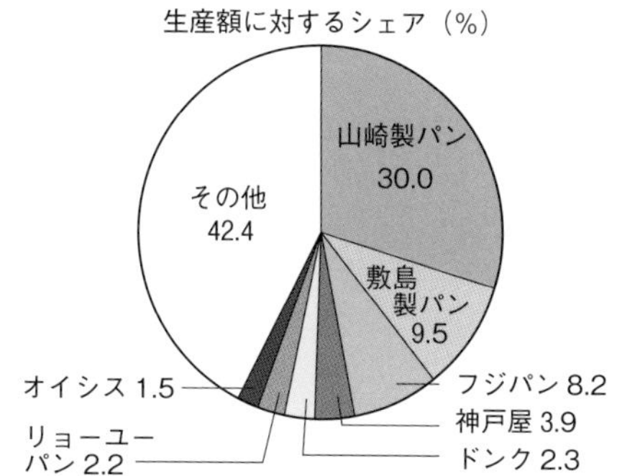

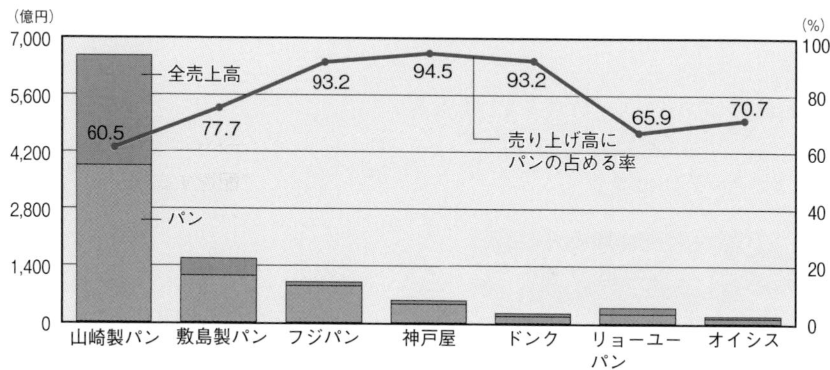

「パンニュース」第 2655 号、（株）パンニュース社、2014 年より作成

表 1-2　一般社団法人日本パン工業会・会員

あけぼのパン㈱	㈱タカキベーカリー
伊藤製パン㈱	第一屋製パン㈱
㈱栄喜堂	㈱ドンク
㈱オイシス	㈱中村屋
岡野食品ホールディングス㈱	日糧製パン㈱
㈱木村屋總本店	フジパン㈱
㈱工藤パン	㈱フランソア
㈱神戸屋	山崎製パン㈱
㈱神戸屋東京工場	㈱リョーユーパン
敷島製パン㈱	㈱ロバパン
白石食品工業㈱	

一般社団法人日本パン工業会ＨＰ、会員名簿より作成（2019 年 4 月 1 日現在）

山崎製パン

大手製パン企業の中でも業界最大手なのが、山崎製パン。2014 年 12 月決算期のパンの売上高は 4306 億 2900 万円。パン生産額に対するシェアは市場の 3 割近くを占めています（P 21・図 1-11）。

【歴　史】

創業は 1948 年、千葉県市川市の山崎製パン所開業に遡ります。戦後の食糧難の中、パンだけでなく和菓子や洋菓子の製造も開始しました。欧米の先進機械設備を導入。積極的な技術革新によって事業を拡大してきました。その後、アメリカの食品工場で実績のある「A I B（American Institute of Baking：米国製パン研究所）国際検査統合基準」を採り入れました。

従業員は 1 万 7654 人（2014 年 12 月 31 日現在）。

主なヤマザキグループ企業

FUJIYA 不二家

（株）不二家
洋菓子、チョコレート、キャンディー、クッキー等の製造販売

日糧製パン

日糧製パン（株）
パン・菓子類の製造販売等

（株）東ハト
スナック、ビスケットの製造販売

㈱イケダパン
調理パン、米飯類、惣菜類の製造販売

（株）サンデリカ
調理パン、米飯、惣菜などの製造販売

（株）ヴィ・ド・フランス
ベーカリー・カフェの経営

【特　色】

・**徹底した食品安全管理システムと研究開発**

山崎製パンの特徴は、まずその徹底した食品安全管理システムにあります。「ＡＩＢ国際検査統合基準」を入れるとともに、衛生管理を強化するための専門部門として「食品安全衛生管理本部」を設置。全工場で、原材料から最終製品、販売までのすべての工程の衛生・品質管理を行っています。また自前の中央研究所を持ち、新製品の開発及び既存製品の改良に取り組んでいることも特色のひとつです。

・**自社業態店舗網で販売促進**

販売面では、多様化する消費者ニーズと市場環境の変化に対応するため、自社業態店を開発し、その拡充を図り、販売方式を開拓しています。2007 年には、不二家と新たな業務資本提携契約を締結。グループ企業としてさらに発展をみせています。

・**ロングセラー「超芳醇」シリーズ**

山崎製パンの代表的な製品として、「超芳醇」シリーズがあります。独自の「湯捏製法」で作られたこのパンは、ほんのり甘い風味が特徴。また、同社のロングセラー「ダブルソフト」で人気を博した「耳までやわらかい」というイメージも引き継いでいます。またピーナッツ・卵・ツナマヨネーズ味などをはじめ、多くのバリエーションで展開する「ランチパック」も、手軽に食事がとれるという現代人のニーズにマッチしたヒット商品となっています。

・**「AIB 国際検査統合基準」とは？**

食品安全管理システムの基となる「ＡＩＢ国際検査統合基準」とは、米国及びヨーロッパの食品安全衛生に関する法律・規則を基にＡＩＢが独自に作成した基準で、原材料の入荷から製造・加工・製品の出荷まで、すべての工程において安全性を確保するための、次の5つのカテゴリーから構成されています。

❶作業方法と従業員規範（OP）　❷食品安全性のためのメンテナンス（MS）
❸清掃活動（CP）　❹総合的有害生物管理
❺食品安全衛生プログラムの妥当性（AP）

社会活動の先駆け企業

山崎製パンは、食品製造以外の多様な社会活動を通じて広く社会に貢献することでも知られています。

お正月の風物詩ともいえる「ニューイヤー駅伝」の冠スポンサーをはじめとし、国際援助活動、研究活動への助成、音楽イベントの支援などは業界の地位の向上にもつながっています。

敷島製パン

年商1701億7300万円（2014年8月期）の敷島製パンは、業界シェア第2位（P 21・図1-11）の老舗メーカー。「Pasco（パスコ）」のブランド名で知られ、特に「超熟」シリーズの食パンで大きなシェアを誇っています。

【歴　史】

「Pasco（パスコ）」（Pan Shikishima Companyから命名）の名でおなじみの敷島製パンは、創業1919年、従業員数3907人（2014年8月31日現在）。名古屋に本社を置き、かつて西日本地区一帯では「シキシマ」の名を使用していましたが、2003年、名称を全国的に「Pasco」へと統一しました。その製造の源は、第一次世界大戦のドイツ捕虜収容所。パン事業の創業者が、収容所のドイツ兵に製法を教わったためPascoはドイツ流製法から発展してきたのです。その後大量生産のきかない「湯種製法」の試作と改良を重ね、量産化に成功。この独自の製法を「超熟製法」と名づけて特許製法として登録しています。

【特　色】

- **小麦本来のおいしさを追求**

  1998年の発売以来ヒット商品となっている「超熟」シリーズは、シンプルな材料でおいしいパンを製造することを目指して、食品添加物であるイーストフードと乳化剤を使用しない、小麦が本来持つ甘みや香りを引き出すパンづくりが行われています。ロングセラー商品に「イングリッシュ・マフィン」シリーズ、人気商品に「十勝バタースティック」（レーズン・バターキャラメルなど）があります。

- **ロングライフブレッドの通信販売**

  「パネトーネ種」（もともと北イタリアのコモ地方で使われている天然酵母種）を使い、賞味期間が長いパンをロングライフブレッドとして製造しています。しっとり感が1か月以上続くこのブレッドは、インターネットの通販でも販売されています。

フジパン

業界シェア第3位（P21・図1-11）のフジパンは、年商1222億円（2014年6月期）で、年商に占めるパンの売上構成比が9割以上。90年近くにわたって、ひと味違うパンづくりに取り組んできました。

【歴　史】

フジパングループの創業は、1922年。名古屋を拠点にパン製造を手がけ、終戦後の1947年には、配給食糧としてのパン委託加工を始め、1958年、日本初のパン完全自動包装を実施しました。1990年には株式会社ベーカリーシステム研究所、1998年には現在のフジパン東京本部を設立。「ホールセール」「リテイル」「ロジスティック」「デリカ」4つの部門をグループの柱として社会に貢献する経営基盤を構築しています。中でも「リテイル」部門では、全国約700店でできたて商品を提供。特に、およそ30年の歴史を誇る「ホテル食パン」は同社の“こだわり”の商品のひとつです。従業員数は約1万6500人。

【特　色】

・**日本人の食パンを目指した「本仕込」シリーズ**
もっちりとした食感を追求した「本仕込」シリーズは、「ストレート製法」によるもの。この製法により、飽きのこない味と香りが引き出され、従来の食パンより糊化度（α化度）を高め、日本人好みのもっちり感が生み出されています。少人数の暮らしにも便利な「本仕込ハーフ」（3枚入り）などとともにトーストしてさらにおいしくなる山形食パンが人気です。

・**ベーカリー部門を全国的に拡充**
フジパングループは、大型・中小量販店をはじめ、空港内など、さまざまなテナントショップを中心に、ベーカリー部門を日本全国に展開。粉から作るスクラッチ製法や冷凍生地から作るベイク・オフ製法、及びその使い分けによって、焼き立ての味を提供しています。

神戸屋

レストランも展開する神戸屋は、年商555億5800万円（2013年12月期）で、業界シェア第4位（P21・図1-11）。「神戸屋キッチン」をはじめとした直営のレストランでは焼き立てパンのおいしい食べ方を提案し、広く消費者に浸透しています。

【歴　史】

1917年、創業者が「神戸のパン」を大阪に配達、販売することから始まった神戸屋は、1928年、日本ではじめて、従来のホップス種からイースト菌を使用する製パン方法に成功。1939年には、はじめてパンを包装して販売するなど、日本初の試みを数多く成功させ、事業を発展させてきました。従業員数は1403人（2013年12月現在）。

【特　色】

・**独自のテクノロジーで生産を機械化**
パンづくりの工程をパソコンで管理する独自の生産ラインで、「職人レベルの技」を生み出しています。独自の製法で添加物（イーストフード、乳化剤）を排した食パン「湯種」シリーズは、ご飯のような食感のある神戸屋の人気商品として知られています。

ドンク

業界シェア第5位（P21・図1-11）のドンクは、フランスパンをはじめとするさまざまなパン、菓子などで幅広い商品展開を行っています。

【歴　史】

ドンクの誕生は、1905年創業の前身「藤井パン」（兵庫県）に遡ります。1951年、3代目が株式会社ドンクを設立。1954年、フランス国立製粉学校教授であるレイモン・カルヴェル氏が来日し各地でパンの講習会を行った際、神戸での講習会でそのパンに感動した当時の社長が試作を繰り返したことから、フランスパンへの道が始まりました。1965年からはカルヴェル氏の弟子の指導のもと、本格的なフランスパンづくりを開始。1970年の大阪万博出店で全国に名を知られるようになりました。ドンクだけで全国に124店舗（2013年3月6日現在）、同じく直営で展開するミニワンが131店舗、ジョアンが17店舗など、全国的にブランド別展開を行っています。

【特　色】

・**スクラッチベーカリースタイルにこだわる**

フランスパンをはじめとする各種パン、菓子の製造・販売のほか、喫茶室・レストラン営業まで行っています。また、時間と手間のかかる「スクラッチベーカリー」（粉から生地を仕込み成形して焼き上げるまでの全工程を一貫して行う）スタイルにこだわった製品を提供しています。

リョーユーパン

業界シェア第6位（P 21・図 1-11）のリョーユーパンは、年商 577 億 5095 万円（2012年3月・グループ全体）で、九州を基盤とする製パンメーカー。年商に占めるパンの売上構成比は6割強と、パンのみに頼らない総合食品企業の姿がみえてきます。

【歴　史】

リョーユーパンは、1945 年、グループの母体である唐津糧友製パン株式会社発足に端を発しています。1967 年、グループ管理本部を福岡に置き、佐賀や山口、熊本などに工場を拡大。1991 年には福岡工場に自動仕分け機を導入し、物流効率化に成功しました。現在、リョーユーパンは、九州一円から、中国・四国地方へと市場を広げています。従業員数は 3847 人（2013 年9月 30 日現在）。

【特　色】

・「ベイクオフベーカリー」システム

リョーユーパンは、「ベイクオフベーカリー」システム（工場で半製品化した生地を冷凍し各店舗に配送。店では冷凍された状態で生地を受け入れ、冷凍庫に保管。必要な時に解凍、発酵を経て焼成する製造方式）で、自社のノウハウを生かし展開しています。

パンの品質表示基準

1999年、JAS法が改正され、2001年から、加工食品については原材料名などの表示が義務付けられました。メーカーの販売するパンもその例外ではなく、消費者庁の定める法に従い、商品には品質表示をつけています。この表示は食品衛生上の事故や危害の防止になるとともに、消費者の食品選択に役立つ情報提供にもつながっています。

【JAS法・食品衛生法など食品表示に関する法】

食品の表示に関してはいくつかの法律があります（表1–3）。うち、❶の食品衛生法と❷農林物資の規格化及び品質表示の適正化に関する法律（ＪＡＳ法）には表示義務があります。

❸不当景品類及び不当表示法（景品表示法）及び❹健康増進法には法的な拘束力はありませんが、大手メーカーは消費者の利便性のため、積極的にこの法を遵守・表示に取り入れる傾向にあります。

表1–3 食品に関する主な法律

法律の名称	制度の目的	表示すべき事項
❶食品衛生法	飲食に起因する衛生上の危害発生の防止	名称、食品添加物、消費期限または賞味期限、保存方法、製造者、遺伝子組み換え食品、アレルギー食品※1
❷農林物資の規格化及び品質表示の適正化に関する法律（JAS法）	品質に関する適正な表示	名称、原材料名（食品添加物を含む）、原料原産地名、内容量、消費期限または賞味期限、保存方法、製造者、原産国名、遺伝子組み換え食品
❸不当景品類及び不当表示法（景品表示法）	虚偽、誇大な表示の禁止	【包装食パンの公正競争規約】名称、原材料名（食品添加物を含む）、内容量、消費期限または賞味期限、保存方法、製造者保証内容重量、不当表示の禁止
❹健康増進法	健康の保持・回復・向上、発育に役立てる	栄養成分※2、特別用途食品（特定保健用食品等）

山崎製パンＨＰ「製品表示管理」を参考に作成

❹健康増進法の※２「栄養成分」を記載する場合は、エネルギー、タンパク質、脂質、炭水化物、ナトリウムが必須の５項目。一定基準を満たさないのに「○○が豊富！」などと謳うと❸に違反することになるのです。

ちなみに、※1「アレルギー食品」について、❶食品衛生法で表示を義務付けているのは7品目（表1–4）。しかし業界最大手の山崎製パンなどは、推奨される18の品目すべてについて表示を行い、消費者の注意喚起を促しています。

表1–4　食物アレルギーの対象となる25品目の原材料

発症数、重篤度から義務付けられた原材料（特定原材料）7品目	乳、卵、小麦、そば、落花生、えび、かに
表示することを推奨された原材料18品目	あわび、いか、いくら、オレンジ、キウイフルーツ、牛肉、くるみ、さけ、さば、大豆、鶏肉、豚肉、バナナ、まつたけ、もも、やまいも、りんご、ゼラチン

山崎製パンHP「製品表示管理」を参考に作成

【「消費期限」と「賞味期限」】

2003年、食品の期限を表示する方法を決めている期限表示の規則が変わり、それまでばらばらだった言葉が統一されました。期限表示には、「消費期限」と「賞味期限」の2種類があり（表1–5）、原則としてすべての加工食品には、期限表示を記載することになっています。パンメーカーのほとんどは「消費期限」で記載しています。

表1–5「消費期限」と「賞味期限」の違い

用語	消費期限	賞味期限
定義	定められた方法により保存した場合、腐敗、変敗その他の品質の劣化に伴い安全性を欠くおそれがないと認められる期限を示す年月日（期限が比較的短く、品質が急速に劣化する食品）	定められた方法により保存した場合、期待されるすべての品質保持が十分に可能であると認められる期限を示す年月日
対象	パン、生菓子、弁当、サンドイッチ、惣菜など	和菓子、洋菓子、密封容器入りデザート、缶詰など

山崎製パンHP「製品表示管理」を参考に作成

5 チェーンベーカリーのいろいろ

店内で焼成し、販売するパン屋さんには、全国的に展開するチェーン店も数多くあります。ここではその代表的なチェーンを紹介します。

VIE DE FRANCE　ヴィ・ド・フランス

【歴　史】

ベーカリーにカフェスペースを併設したお店を、チェーン業態としては日本ではじめてスタートしたヴィ・ド・フランス。1983年、山崎製パン株式会社が事業部を発足、その4年後に札幌に1号店が誕生しました。2000年には、フレンチスタイルの「ヴィ・ド・フランス　カフェ」1号店を表参道に開店。翌年山崎製パンのグループ会社として独立し、現在では全国に約200店舗を数えるまでに成長しています。

【特　色】

忙しい日常生活に「ホッ」とひと息つける空間を提供する。これがヴィ・ド・フランスのコンセプト。フランスのカフェをイメージした、ゆっくりとくつろげるイートイン・スペースです。ウィンナーロールやチョコフランスなど定番商品が充実したベーシック形態の「ヴィ・ド・フランス」に加え、カフェスタイルを追求した「ヴィ・ド・フランス　カフェ」、ヨーロピアンスタイルを追求した「デリフランス」など複数のブランドを展開し、消費者のニーズに応えています。オリジナルの冷凍生地は、業務用に販売もしています。

アンデルセン（アンデルセングループ）

【歴　史】

アンデルセンが産声を上げたのは、1948年、広島市でのこと。創業者高木俊介氏夫妻と従業員2人のわずか4人からのスタートでした。「タカキのパン」設立に始まり、1959年、初の欧米視察において、創業者がコペンハーゲンでデニッシュペストリーに感銘を受け、以後「デンマーク」をテーマとしてきました（屋号は童話作家ハンス・アンデルセンに由来）。日本初のセルフチョイス方式導入やデニッシュペストリーの販売でも知られています。現在でもデンマークとの関わりは深く、現地法人を設立、コペンハーゲンにて店舗を構えています。傘下には「リトルマーメイド」なども。

【特　色】

異文化の象徴ともいえるパンの製造・販売を通してコミュニケーション活動を重視するのがアンデルセンの企業指針。目先の安さを追求するのではなく、高品質の商品は真の経済性を持ち、生活の役に立つものであると、消費者にアピールしています。現在は全国に約 90 の店舗をもち、朝食やランチ用のパン、ワインに合うパンまで、幅広く提供としています。特に広島アンデルセンと青山アンデルセンはレストランも併設、街のシンボル的な存在として生活に溶け込んだパン屋さんだといえるでしょう。

サンジェルマン

【歴　史】

1934年、株式会社東横百貨店（現・株式会社東急百貨店）の製菓工場として、東京都目黒区で創業を開始したサンジェルマンは、1970年、その1号店を東急百貨店本店に出店しました。77年にはアメリカ・ハワイ州に現地法人サンジェルマンアメリカINC.を設立し、海外1号店をホノルルに出店するなど急成長を遂げ、首都圏を中心に店舗を広げました。傘下のブランドにはサンジェルマンのほか、フラマンドール、プルミエサンジェルマン、ドゥマゴ、タンドレスなど。現在はJTグループ。

【特　色】

サンジェルマンの指針は、「心くばり」を意味するフランス語「TENDRESSE（タンドレス）」。この合言葉を従業員に徹底し、「新鮮でおいしいパンを安心して消費者へ」をモットーに「コーンパン」などのロングセラー商品や「エクセルブラン」などの定番商品など、創業以来、世代を超えて愛されるパンづくりを行っています。
傘下のひとつ「タンドレス」では、石臼挽きの小麦粉などの厳選素材を用い、ヨーロッパの伝統製法であるポーリッシュ法や自家製天然酵母を使ったパンを提供しています。イートイン併設の店舗では、焼き立てパンとイートインメニューを楽しむことができます。

ポンパドウル

【歴　史】

18世紀フランスで、ルイ15世の愛妾として歴史に名を残したポンパドウル夫人。彼女は美食家としても知られ、私たちが今フランスパンと呼ぶところの、バゲット形パンの原形を考案したといわれています。それまで関東の中堅パン会社であった同社は「思いきり高級で優雅な欧風パン」を目指して、この貴婦人の名をブランド名に冠し、1969年、横浜元町で生まれ変わりました。「ストレート方式」で地元での評判を高め、現在は広く全国展開を行っています。

【特　色】

最大の売りは、厳選した小麦粉を用いて仕込む本格的な製法と、本場ヨーロッパの職人から受け継いだフランスパンとデニッシュの技術。1店舗1工房制を採り、各売り場にはパン工房を併設しています。「オールスクラッチ」スタイルでその工程が買い物客から見えるガラス張りの店舗で、上質へのこだわりを実践しています。

サンメリー

【歴　史】

東京、赤羽の和菓子と甘味喫茶の店が始まりであるサンメリーは、創業1946年。第二次大戦後の食糧不足の中、甘味料としてサッカリンなどが当たり前だった時代に砂糖の使用にこだわり続け、時代の成長とともにパンの専門店へと発展してきました。2009年ドトール・日レスホールディングスの子会社に。

【特　色】

塩に含まれる微量のミネラルがパンに深い味わいをもたらすため、パンにはすべて天然塩を使用。小麦粉もパンの種類別にオリジナルブレンドを使い分けるなど、素材を厳選しています。また直営ベーカリーチェーン、「石窯パン工房」(2015年5月現在、12店舗)では、スペインから取り寄せた石窯を用い、天然酵母や国産小麦など材料や製法にこだわり、中身までしっとり香ばしいパンを提供しています。

BAGEL & BAGEL　ベーグル&ベーグル

【歴　史】

商社勤務だった創業者が、出張先のニューヨークで出会ったベーグルのおいしさに感動し日本にオープンさせたベーグル専門店。ベーグルのシンプルさやヘルシーさ、片手で食べられる手軽さ、さらにその奥の深さを広めようと、1997年に東京・新宿に1号店をオープンさせました。現在は全国に47（2015年5月現在）の店舗を展開し、手作りマフィン専門店なども経営しています。

【特　色】

小麦、水、練り込み素材などで構成されるベーグルは、シンプルなだけに素材が勝負です。「BAGEL & BAGEL」では厳選された小麦と水を使用し、噛むほどに広がる旨味とほのかな甘さを実現。ソフトな仕上がりながら時間がたってもかたくなりにくいのが特徴です。また卵やバター、牛乳などの動物性タンパク質を使用しない製法を採っています。

6 新しいかたちのブーランジェリーたち

最近では店内に厨房を持つ「リテイルベーカリー」も増え、シェフ・ブーランジェ（パンの職人）が率いる「ブーランジェリー」（仏語でパン屋さんの意味）も次々にオープンし、ベーカリーのかたちも多様化してきています。ここではそんなブーランジェリーの一部を紹介します。

MAISON KAYSER　メゾンカイザー

パリに本店をもつブーランジェ（パン職人）、エリック・カイザー氏のノウハウを全面的に取り入れたフランス式ブーランジェリー。パリの新聞「フィガロ」誌でパリ NO. 1に輝いたクロワッサンをはじめ「パン・オ・ショコラ」や「ショソン・オ・ポム」（アップルパイ）など、日本にいながら本場パリの味が楽しむことができます。関東を中心に、百貨店内テナントを含め全国に 25 店舗（2015 年5月現在）を展開中。

PAUL　ポール

パリで 250 店舗以上を展開するブーランジェリー。パンがおいしいカフェとしても人気。日本1号店は JR 東京駅近くに（現在は閉店）。1889 年創業当時のレシピと製法を厳格に守って製造し、現地そのままの味を再現しています。
フランスパンやカンパーニュなどは、独自に契約栽培をしたフランス産小麦のみを使用し素材も厳選。デニッシュペストリーも、すべてフランス直輸入の生地を使用するほどのこだわりぶりで、全国に 20 店舗（2015 年5月現在）展開中。

Boulangerie Takeuchi　ブランジュリタケウチ

大阪で名高いリテイルベーカリーのひとつ、ブランジュリタケウチ。売り場からオープンに見える工房で、次から次へとバリエーション豊富なパンが作られていきます。人気の商品は、ビール酵母で焼き上げたパンやアールグレイを使ったクリームパン、旬の素材を使ったデニッシュなど、ほかでは見られないパンを提供しているのが特徴です。レストランも併設していて、ブリオッシュサンドなどパンを主役にした手の込んだ料理も人気です。

Bench Time
Bread Column

このほかにも、作り手の個性と想いをダイレクトに表現するリテイルベーカリーは、全国で続々とオープンしています。
関東では、ブラッセリーも併せもつ渋谷店が人気の「ブーランジェリー・パティスリー・ヴィロン」が2003年オープン以来、雑誌に取り上げられて一気に人気店に。2006年立ち上げの、シニフィアンシニフィエ（東京都世田谷区）は、歴史の新しいブーランジェリーですが、長時間発酵による旨味を引き出すパンづくりと、素材や製法への自由なアプローチ、独自の表現でファンをもっています。
関西では、「アンデルセン」で修業したオーナーシェフが斬新なパンを発表する「コム・シノワ」が注目を集めています。このような熱意と工夫のこもった個性豊かなリテイルベーカリーは、口コミでも広がり、各地で消費者に愛されているようです。

第1章　練習問題

問1 **2013年統計における2人以上の世帯でパン消費額全体に対する分類上の食パン消費比率はおよそ次のうちどれくらいか。ただし、食パンの定義は総務省統計局家計調査によるものとする。**

1. 64%
2. 55%
3. 30%
4. 26%

問2 **近年のパンの消費傾向で適切なものはどれか。**

1. 低価格大容量化
2. 低価格小容量化
3. 高価格小容量化
4. 高価格大容量化

問3 **2011～2013年平均でパンの消費量が日本でいちばん多い人口5万人以上の都市は次のどこか。**

1. 京都市
2. 横浜市
3. 神戸市
4. 広島市

問4 **パンは年間を通じて消費数の変動は少ないが、米はある月が他の月と比べて圧倒的に多く消費されている。この月とは次のどれか。**

1. 10月
2. 12月
3. 9月
4. 4月

問5 **2008年の統計で次のアジア諸国のうち500g当たりの白小麦パンの価格がいちばん高かったのはどこか。**

1. 日本
2. トルコ
3. シンガポール
4. 韓国

問6 **2013年における日本の小麦自給率（概算）は次のうちどの程度か。**

1. 26.5%
2. 20%
3. 12%
4. 9%

問7 **次の日本のパンメーカーのうちパン比率が最も高いのはどこか（2014年調べ）。**

1. ドンク
2. リョーユーパン
3. 山崎製パン
4. 神戸屋

問8 **「湯種製法」に改良を加えた敷島製パン独自の製法でヒットした商品は次のどれか。**

1. 超熟シリーズ
2. 超芳醇シリーズ
3. スクラッチ製法
4. 本仕込シリーズ

第1章　解答解説

2013年の1世帯当たりのパン消費額は2万7974円、うち食パンは8492円なので30%。(詳細→P10)

消費者物価指数が示すように食品などの価格は下がる傾向にある。その中でメーカーも容量は少ないが、より消費者のニーズに対応するさまざまな趣向の商品を開発した結果と考えられる。(詳細→P11)

神戸市のパンの年間消費量は62.821kgで全国平均約45kgの約1.4倍である。(詳細→P13)

9月末から11月は新米のシーズンである。そのため10月に平均月の1.4倍もの購入がされている。(詳細→P15)

韓国の2.16米ドルに対して日本は都市平均で2.36米ドルであった。トルコは1.54米ドル、シンガポールは1.24米ドル。(詳細→P17)

2013年の小麦の自給率は約12%。2009年度と比べておよそ2.5%ダウンしている。(詳細→P19)

2014年の各社発表によると、神戸屋の売り上げに対するパン比率は94.5%。リョーユーパン、山崎製パンの60～70%に対して高いのがわかる。フジパンもパン比率は高く93.2%。(詳細→P21)

「超熟」シリーズは食品添加物であるイーストフードや乳化剤を使わないことでも人気がある。「超芳醇」は山崎製パンの、「本仕込」はフジパンの人気シリーズ。スクラッチ製法はパンづくりにおいての一貫工程を表す。(詳細→P24)

第2章
パンのトレンド

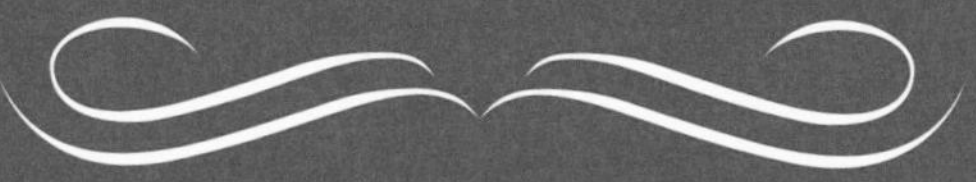

およそ450年前、ポルトガルから伝わったパンは、
今では日本人の生活に深く浸透しています。
市場には世界中のパンや日本オリジナルのパンが並び、
日本は世界でも有数のパン文化をもつ国となっています。
この章では第二次世界大戦後から2000年代まで、
それぞれの時代を反映し、ブームとなったパンを中心に
日本のパンのトレンドについてみていきます。

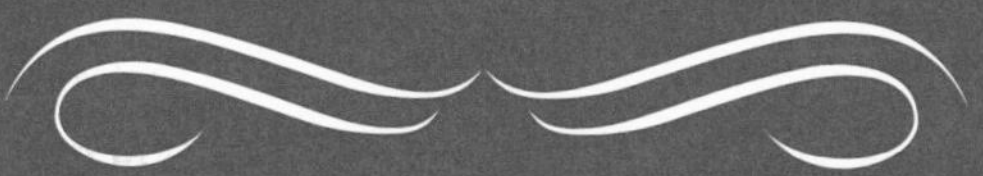

1 時代を反映するパン

今日にいたるまで、さまざまなパンが生活の中に登場し、定着していきました。時代によって移り変わるパンの流行とその特徴を紹介していきます。

移りゆく時代とパン

パンの歴史は、日本の食料事情に直結しているといえるでしょう。明治時代、開国とともに始まった日本のパン食の歴史は、第一次・第二次世界大戦を挟んで劇的に変動し、また、発展してきました。

戦後、食料が少なかった時代には、とにかく材料を確保することに苦心しました。その後次第に日本のパン食は回復していきました。米の代わりの「代用食」として扱われていた時代もありましたが、給食のメニューにパンが登場すると、パンは日本人の食生活にとって「定番」になっていき、暮らしの中に根付いていったのです。

さらに、アメリカ式のパンづくりだけではなく、フランスパンやデニッシュ、イタリアのフォカッチャやベルギーワッフルなど、ヨーロッパ各国のパンが日本でどんどん紹介され、日本のパンはどんどんバラエティー豊かなものになりました。
さらに、日本では調理パンも発達し、日本のパンは世界でも類を見ないほど、豊かなものになってきています。
工場で作られたものがスーパーマーケットやコンビニのような小売店で売られていたり、街中のベーカリーで焼かれたものが売られていたり、または家庭で手作りをするなど、私たちはさまざまなかたちでパンを楽しむことができます。

【時代によるパンの変遷】

1950年代	・終戦後の材料不足から少しずつ立ち直ると、アメリカからの寄贈小麦粉による完全給食を開始し、終戦後の材料不足、品質低下から少しずつ回復する
↓	
1960年代	・調理パンの売り上げが伸びてくる ・第1次フランスパンブーム
↓	
1970年代	・オーブンフレッシュベーカリー登場 ・デニッシュブーム ・マクドナルド登場
↓	
1980年代	・第2次フランスパンブーム ・「ダブルソフト」「チーズ蒸しパン」ヒット
↓	
1990年代	・量り売りミニクロワッサンブーム ・コンビニでのパンの売り上げが伸びる
↓	
2000年代	・メロンパン・カレーパン人気 ・国内産小麦粉、全粒粉、ライ麦使用をアピールするパンが増える

2 戦後間もない時代のパン

食糧難の時代にもパンは食べられていました。現在のパンとは比べられるようなものではありませんでしたが、材料が手に入りにくい時代に少しでも満腹感を得られるような工夫をしていたのです。

「代用食」としてのパン

戦後すぐの日本ではパンに限らず、材料を確保するだけでも精一杯の状況が続きました。パンも小麦粉を手に入れるのがひと苦労で、手に入った少しの小麦粉にふすま（小麦の外皮の部分など。小麦粉を作る際に出る余剰部分）やどんぐり粉、雑草など、食べられそうなものを混ぜ込んで使っていました。イーストは最も手に入りにくいもので、パンを膨らませるためにはベーキングパウダー代わりに重曹を使うなどの工夫をしていました。

しかし、パンは「代用食」といわれ、あくまでも米食の代わりとしての扱いになっていました。その意識が徐々に変化していくきっかけが給食でのパン食です。1940年代後半から、アメリカやユニセフなど、さまざまな団体から小麦粉や脱脂粉乳が援助されました（ララ物資やケア物資といわれるものが有名です）。特にアメリカからの援助物資として、小麦粉が大量に輸入されるなど、物資不足は次第に回復していきました。

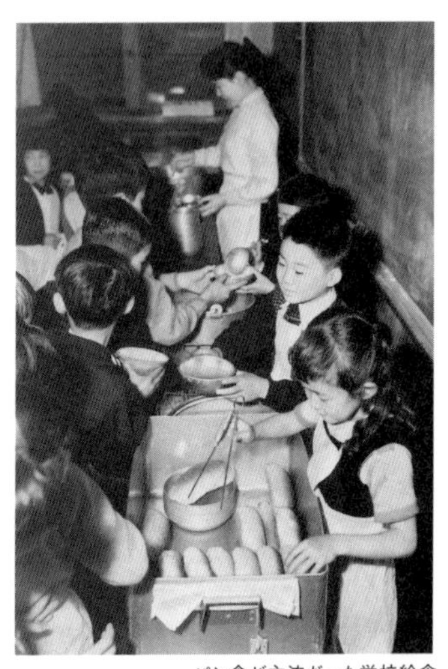

パン食が主流だった学校給食
（写真提供：毎日新聞社）

芋パン

物資不足の時代、各家庭ではさまざまな工夫をしたパンが作られていました。パンは手に入りにくい米の代わりに、すいとんなどと同様に作られ、食べ物の不足を補うためのものでした。パン食に対する人々の意識が変わるまでは「代用食」といわれ、見下されるような食べ物でしかなかったのです。そのようなものでも材料は不足し、もちろん小麦粉もきれいに製粉された状態のものは入手できなかったために、ふすまなどが混ざっている、質の悪いものが中心でした。さらに、パンといっても、イーストを手に入れることはできず、発酵させたものは作ることができなかったため、生地を膨らませるために、ベーキングパウダー代わりの重曹が使われました。

また、少しでも量を増やすために、芋やかぼちゃなどが混ぜられていました。オーブンも整っていなかったため、かまどで焼くのが一般的だったようです。ドーナツ型の鋳鉄の鍋が普及していたので、その鍋を型にして焼くことが多かったといわれています。

当時のドーナツ型の鍋を南部鉄器で再現したもの
（写真提供：及源鋳造株式会社）

たまごパン

卵のような丸い形の「たまごパン」は、「パン」というよりもビスケットのような、お菓子タイプのパンです。戦後、材料が乏しくイーストが手に入らない時に、できるだけ単純なレシピで作れるようにと工夫されたものです。たまごパンのルーツは大正時代。小麦粉・卵・砂糖だけで作られた食べ物がブームになっていました。それを戦後、復活させて商品化したのです。ほんのり甘い素朴な味わいが、物資不足で甘いものが乏しかった時代に、人々の人気を得ていきました。
少し時代がたつと、たまごパン同様にシンプルな材料でできるものとして「甘食」が復活しました。菓子パンと焼き菓子の中間のような扱いで、おやつとしてよく食べられていました。

現在も根強い人気のたまごパン
（撮影協力：株式会社初雪）

3 1950 年代

1950 年代、食糧不足は依然として続いていました。しかし、アメリカからの小麦粉や脱脂粉乳の援助などにより、原料不足は次第に解決していきました。このようにして作られたパンは給食に出されるなど、日本人の食生活の中に徐々に定着していきます。

ロバのパン

「ロバのパン」という名前でよく知られていますが、実際にパンがロバに引かれる車で売られていたのは、戦前の札幌のことでした。札幌の「ロバのパン」は、ロバに引かせた小さな馬車でパンを販売したのが始まりです。

戦後の「ロバのパン屋さん」は、京都市に本社がある蒸しパン行商のチェーン店が、ポニーに引かせた馬車で「ロバのパン」として、1953 年にはじめて日本各地で販売を行いました。このチェーン店以外にも、馬車で移動販売をする業者が多く出て、大きなブームを起こし、「パン売りのロバさん」という歌も作られるほどでした。このロバのパン屋さんは、自動車の普及・道路の発達とともに、道路事情に合わなくなり、さらにメインの商品であった蒸しパンも、ほかのパンが普及すると同時に人気が減少していったため、だんだんとみられなくなっていきました。

ロバのパン屋さん（写真提供：神戸新聞社）

コッペパン

全国の主要都市の小学校児童に対する学校給食が1947年に始まりました。始まった当初はまだパンが給食に出る学校は少なく、アメリカやユニセフから寄贈された脱脂粉乳が出され、主食が不足している状態でした。
1950年、アメリカから寄贈された小麦粉を使って、8大都市の小学生対象の完全給食が始まりました。この給食で出されたのがコッペパンです。寄贈小麦粉がなくなると、学校給食のパンも供給の危機を迎えましたが、学校給食の継続を望む運動もあり、1952年には小麦粉に対する半額国家補助が始まり、アメリカの余剰小麦を優先的に利用できることになりました。

1954年には学校給食法が施行され、全国の小学校で完全給食が提供されることとなりました。学校給食で、主にコッペパンが使われていたのにはいくつかの理由があります。それは主食として飽きが来ないこと、加熱調理をしなくていいために経費がかからず、取り扱いが容易だったことなどが挙げられます。コッペパンは街のベーカリーでも人気となり、半分に切って間にマーガリン、ジャム、ピーナッツバターなどをはさんで食べることが好まれました。

ジャムやマーガリンを
はさんだコッペパン

パン食い競争

1885年、初代文相森有礼が兵式体操の導入以降体育による集団訓練を重視し、その成果を公表する機会として運動会を奨励、全国の小中学校に運動会を催すよう促しました。日本では教育制度が定まったばかりで、運動場もなかった時代です。学校関係者は悩んだ末、神社や寺の境内を借りて運動会を開催したため、生徒がただ競技するだけではなく、氏子や檀家も参加できるような競技はないかと考えるようになりました。そこで生まれたのがパン食い競走だったのです。洗濯バサミで止めたあんパンを紐でつるし、口でくわえてゴールするというユニークな競技は多いに盛り上がりました。運動会の定番となったパン食い競走ですが、今日では見かけることが少なく懐かしいものとなってきています。

4 1960年代

戦後復興を確信させた東京オリンピック（1964年）の開催を機に、日本は経済成長を遂げました。パンも、それまで食べられていたものよりもバラエティー豊かとなり、ブームも数多く生まれました。

頭脳パン

1960年頃、「頭脳粉」を使った「頭脳パン」が誕生しました。これは、推理作家で医学博士の木々高太郎氏が、自身の著書『頭のよくなる本／大脳生理学的管理法』で提唱したもので、ビタミンB_1を摂取することにより、脳の働きが活発になって、記憶力や思考力がよくなるとしたものです。「頭脳粉」とは、小麦粉にビタミンB_1を配合したもので、小麦粉の炭水化物を分解する際に必要なビタミンB_1を混ぜてあるために、効率よく分解ができ、脳のためのエネルギーであるブドウ糖ができやすい、としたものです。
この頭脳パンは爆発的に売れましたが、実際にビタミンB_1が配合されているからといって、分解の助けになるわけではなく、多く摂取しすぎたビタミンB_1は体外へと排出されてしまうために、頭脳粉に効能があるとはいいきれませんでした。そのことが知られるようになると、次第に頭脳パンの人気は低迷しましたが、現在も根強い人気があります。

現在も販売されている頭脳パン
（写真提供：有限会社ナカシマパン）

ラスク

パンの発展の中で、パンを利用したお菓子として流行したのがラスク。現在でもフランスパンなどを利用して作られていますが、当時流行したのは、小さな食パンの形のパンをスライスし、乾燥させたものに砂糖のアイシングをかけたものでした。アイシングにはプレーンな味のほかにココア味などもありました。駄菓子屋さんなどでも売られ、砂糖のかかった素朴な味が庶民の味として人気でした。

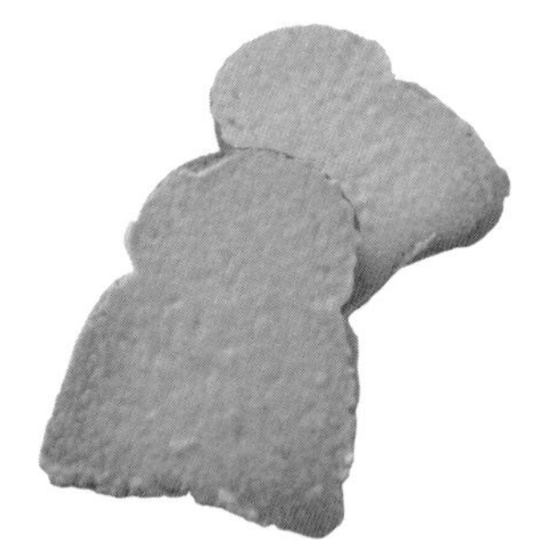
駄菓子屋さんで見かける昔ながらのラスク

フランスパン

1966年、東京都港区に、ベーカリー「ドンク」の青山店が開店しました。ドンクは、青山店が開店する前には神戸でベーカリーを営んでいました。神戸で開かれたフランスのレイモン・カルヴェル氏によるパン講習会で、はじめて見たフランスパンに感動した当時の店主は、フランスパンの試作を繰り返しました。再度来日したカルヴェル氏はこの試作に可能性を見い出し、講師として職人を指導し、ドンクのフランスパンづくりは本格的なものになったのです。

ドンク青山店は、周辺に外国人の居住区があったことや、職人の仕事が見えるような店の造りなども含めて大人気になり、第一次フランスパンブームが巻き起こりました。青山店の盛況に加え、1970年の大阪万博でもドンクは大変な人気となり、フランスパンの人気は全国へ広がっていきました。

開店当時のドンク青山店の様子
（写真提供：株式会社ドンク）

揚げパン

1960年代後半から、それまでにはなかった揚げパンなどの調理パンが給食に提供されるようになりました。コッペパンをまるごと油で揚げて砂糖をまぶした揚げパンは、子どもたちに大人気で、献立表の「揚げパン」の文字を見て、給食を心待ちにする子どもがたくさんいました。
その後、給食の人気メニューだった揚げパンも、米飯給食の普及とともに、減少傾向にあります。

人気だった揚げパンの給食
（写真提供：日本スポーツ振興センター）

5 | 1970 年代

1970 年の大阪万博をきっかけに、日本人の暮らしぶりや食生活は大きく変化していきました。そのような中で、パンのバリエーションもどんどん豊かになっていきます。

デニッシュペストリー

1970 年、東京都港区青山に青山アンデルセンがオープンしました。フランスパンのドンク青山店のすぐ近くにオープンしたこのベーカリーでは、デニッシュペストリーが並べられ、ブームを起こしました。デニッシュペストリーが日本に入ってきたきっかけは、1959 年、タカキのパンの創業者高木俊介氏が、デンマークのコペンハーゲンのホテル・ヨーロッパで食べた、朝食のデニッシュペストリーに感動したことでした。高木氏は帰国後、デニッシュペストリーの開発に力を注ぎ、広島にベーカリーとレストランの複合店「アンデルセン」をオープンさせました。その成功に続いての青山への出店は大成功をおさめます。今までにない、バターたっぷりのリッチな味や食感が受け、さまざまなデニッシュペストリーが全国に紹介されると、大きなブームになりました。

オープン当時の青山アンデルセン
（写真提供：株式会社アンデルセン）

フレンチトースト

かたくなったパンを、卵と牛乳の液に浸してからバターで焼いたものがフレンチトーストです。手軽に家庭でできるパンのアレンジレシピですが、ある映画がきっかけで、日本中にフレンチトーストブームが起こりました。その映画とは『クレイマー、クレイマー』(1979年公開)。ダスティン・ホフマン演じる父親が、息子のためにフレンチトーストを作るシーンがとても印象的でした。はじめ、突然出ていった妻の代わりにとてもぎこちない手つきで作っていたフレンチトーストを、映画終盤では、すっかり慣れた手つきで作れるようになっていきます。映画の隠れた主役ともいえるこのフレンチトーストが、映画のヒットに合わせてブームを巻き起こしました。
2009年には、テレビドラマの小道具として登場し、再びフレンチトーストが注目されました。

映画『クレイマー、クレイマー』で
フレンチトーストを作るシーン
(写真提供：Mary Evans/PPS通信社)

ドーナツ

1971年、日本に「ミスタードーナツ」の1号店がオープンしました。それと同時に、日本にドーナツブームが訪れました。1973年にはフレンチクルーラー、1975年にはオールドファッションといった、今でも定番商品として売られているおなじみの商品が発売され、ドーナツの人気が日本に定着していきました。また、ポイントを集めてオリジナルグッズがもらえるキャンペーンが導入されると、さらにドーナツショップの人気が上がっていきました。

日本でのドーナツ人気をよく表しているのが売り上げで、1972年にミスタードーナツの売上世界記録、月商1500万円が関西の店舗で出ています。

ミスタードーナツ1号店
(写真提供：株式会社ダスキン)

調理パンの発展

日本のパンのバリエーションの多さは、世界の中でも有数です。特に、焼きそばパンなどを中心とした調理パンは日本で発展をとげたもので、学生向けに学校内の売店などで販売されるものから人気が出ました。甘い菓子パンに対して、甘くなく食事として食べることができるのが調理パンです。焼きそばパンやコロッケパンなどパンにはさんだ形のものや、カレーパンなどのように中に具を包んであるもの、ピザパンやコーンマヨネーズ・ツナマヨネーズパンなどのように、上にのせて焼いてあるものなど、さまざまな種類の調理パンが現在では定番商品となりました。

フランスパンに明太子のペーストを塗っためんたいフランスなど、一見パンにはマッチしないようなものとの組み合わせがあるのも特徴です。

手作りパンの流行

家庭用のオーブンが普及すると、家庭でパンを焼くことも流行しました。手でこねて作るさまざまなレシピが公開され、バターロールや食パンなどが各家庭で焼かれていました。生地をこねるための家庭向けパンこね機（ニーダー）も販売され、普及したために製パン業界が危機を感じるほどでした。

家庭でも手作りパンが焼かれ始めた
（写真提供：リンナイ株式会社）

ハンバーガーのブーム

1971年、マクドナルドの日本1号店が東京の銀座にオープンしました。オープンとともに、ハンバーガーは人気となり、徐々に日本全国へと広まっていきます。アメリカ文化であるハンバーガーはすっかり日本にもなじみ、丸いバンズにハンバーグなどの具をはさんで食べるスタイルが定着しました。

マクドナルド1号店の様子
（写真提供：日本マクドナルド株式会社）

パン教室の登場

日本各地に料理教室ならぬパン教室が誕生していきました。パンを専門に教わる教室や、料理コースの一部にパンがあるもの、料理と並行したパンコースなどスタイルはさまざまですが、それぞれ、家庭でおいしいパンが焼けるようになることから大人気となり、現在でも全国各地でたくさんのパン教室が開かれています。

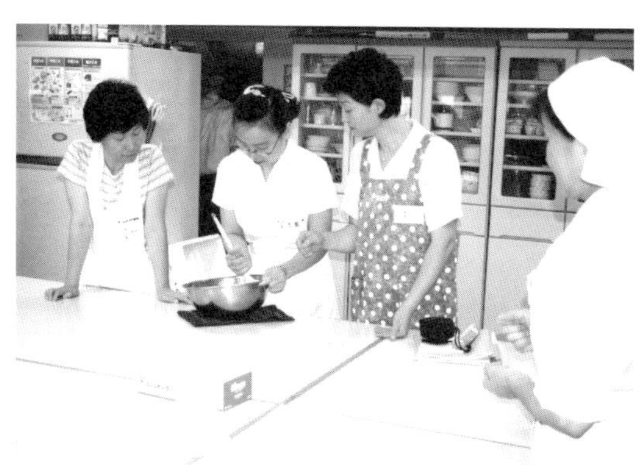

パン作りを教えるための教室が登場した

6 1980年代

いわゆる「バブル時代」が始まった1980年代。パンメーカーの海外への進出が目立ちました。パンの消費量そのものに大きく変化はありませんでしたが、全粒粉を使ったもの、クルミを使ったものなど、原料を含めたバリエーションが豊かになっていきました。

ローマンミールブレッド

それまでの食パンといえば、精製された白い小麦粉を使ったものが一般的でしたが、全粒粉を使ったローマンミールブレッドが1980年にタカキベーカリーから発売されました。これが予想以上の売れ行きとなり、ほかの製パンメーカーからも続々と全粒粉のパンが発売されるようになりました。
ローマンミールとはアメリカの「ローマンミール社」に由来する名前で、中世のローマ軍の強さが、当時食べられていた全粒粉の小麦粉によるものといわれています。これを機に、ヨーロッパタイプのパンへの関心も高まっていきました。

全粒粉を使用したローマンミールブレッド
（写真提供：株式会社タカキベーカリー）

チーズ蒸しパン

1980年代後半に流行したのが「チーズ蒸しパン」です。最初は北海道のパンメーカーである日糧製パンが売り出したものでしたが、口コミから火がつき、人気の商品となりました。
この人気に、次々とほかのメーカーからも同様の商品が発売され、主にコンビニエンスストアやスーパーで販売されて大人気になりました。フワフワでもちもちした生地にチーズの香りがする独特の食感が「やみつきになる」と話題になりました。この商品は、後に登場する「フワフワ」「もっちり」を商品特徴とするパンのもとになったともいわれています。

人気を博したチーズ蒸しパン
（写真提供：日糧製パン株式会社）

ホテルのパン

低価格で気軽に買うことができるチーズ蒸しパンとは対照的に、この頃話題になったのが「ホテルブレッド」です。金谷ホテル・帝国ホテル・宝塚ホテルといった老舗のホテルで朝食用に出されていたパンが人気になり、お取り寄せで購入ができるようになると、さらに口コミで広がっていきました。バブルの時代ということもあり、パンの味はもちろん「お取り寄せするスタイル」そのものが好まれ、購入されていました。

ソフト食パン

1980年代の終わりに、山崎製パンから「ダブルソフト」が発売されました。今までの食パンにはなかった、耳までやわらかい食感が受け、現在でも人気のある定番商品となっています。この商品をきっかけに「ソフト食パン」というジャンルができ、手作りパンのための材料「ソフト食パンミックス」も販売されています。

山崎製パンから発売された「ダブルソフト」
（写真提供：山崎製パン株式会社）

パン屋の呼称あれこれ

最近、日本ではパン屋さんにいろいろな呼称が付いています。おなじみの英語Bakery(ベーカリー）はもちろん、ブーランジェリーやベッカライ、パネッテリアなどなど。
Bäckerei（ベッカライ）はドイツ語、Boulangerie（ブーランジェリー）はフランス語で、どちらも本国では厳しい資格試験に合格して開業した技術者がいる店です。ブーランジェリーの語源は丸いフランスパン、ブールから来ています。イタリア語のPanetteria（パネッテリア）の語源は日本に伝わったポルトガル語のPão(パオ)とも近く、ラテン語のpanis（パニス）から来ています。それぞれのお店の特徴や扱っているパンの種類などの参考にしてみては？

7 1990年代

いわゆるバブル崩壊後の10年で、価格破壊やデフレが起こった時代。
さまざまな創意工夫によって生み出された、さまざまな種類のパンが脚光を浴びました。
ミニクロワッサンやクイニーアマン、ベルギーワッフルのブームと一緒に、天然酵母のパンが注目されたり、コンビニエンスストアでの独自のパン販売が始まるなど、現在に通じる多様化への第一歩が始まりました。

豆パン

デパートの地下にあるベーカリーが話題になり始めたのが1990年代でした（実際に「デパ地下」という言葉が誕生するのは2000年のことです）。その中でも特に人気だったアンデルセンで売り出された「豆パン」が話題になり、行列ができるほどになりました。豆パンはシンプルな生地に金時豆などの煮豆を混ぜ込んで焼いたパンです。意外な組み合わせの素朴な味わいに注目が集まり、アンデルセンやサンジェルマンなどのベーカリーで販売されたものがブームになりました。

話題を呼んだ豆パン
（写真提供：株式会社アンデルセン）

ミニクロワッサン

第1次フランスパンブームを起こしたドンクから発売され、話題になったのが量り売りの「ミニクロワッサン」です。焼き立てをグラム単位で購入することができ、普通のクロワッサンよりも小さくて甘く、食事というよりも「おやつ感覚」で食べることができる商品は、行列ができるほどの人気を博しました。

プレーンなタイプに加えて、チョコレートやメープルなど、味のバリエーションも増え、爆発的なブームが去った後も引き続き人気商品として販売が続いています。

現在も人気のミニクロワッサン
(写真提供：株式会社ドンク)

ベルギーワッフル

日本で「ワッフル」というと、ふわっとした生地にクリームなどをはさんで二つ折りにしてあるものが一般的でしたが、1990年代に大人気になったのが「ベルギーワッフル」でした。ワッフル型で焼かれた独特の格子柄のサクサクとした甘い食感は、本場のベルギーのスタイルを踏襲したもので、今までのワッフルのイメージを覆すものでした。このベルギーワッフルの登場によって、ヨーロッパスタイルの「ワッフル」が日本に定着しました。1996年、「マネケン」が新宿に関東1号店を出すとともに、焼き立てを提供するスタイルが口コミで人気となりました。オープンキッチンで焼かれる甘い香りが街角に漂い、長蛇の列ができました。

ベルギーワッフルを求めて列を作る人たち
(写真提供：株式会社ローゼン)

クイニーアマン

ベルギーワッフルのブームが下火になってくると、次のブームになる商品を市場は探し始めました。そこで話題になったのがクイニーアマンです。

クイニーアマンは、フランスのブルターニュ地方の伝統菓子で、ブリオッシュ風の生地を折りたたみ、砂糖とバターを敷いた型に入れてオーブンで焼いたものです。外側は砂糖がキャラメル化してカリカリした食感で香ばしく、内側は甘さと塩気が感じられます。ベーカリーのみではなく、洋菓子店でも販売される人気商品となりました。

パン屋さんや洋菓子店で販売されるクイニーアマン

デニッシュ食パン

デニッシュ食パンは、1979 年に京都祇園ボロニヤで考案、発売されました。ひとつずつ手作りされたデニッシュ食パンは、売り出しとともに口コミで広がっていき、各地で「伝説のパン」といわれて話題を呼びました。全国からお取り寄せができるようになり、インターネット通販の発達に伴って「伝説のパン」は手軽に手に入るようになっていきました。

ケーキよりも甘くなく、食パンより甘いデニッシュ食パン
(写真提供：京都祇園ボロニヤ)

ベーグル

ニューヨークスタイルのベーグルが日本に紹介されたのは、1990年代の終わり頃でした。アメリカやヨーロッパで高まっていた健康志向から、油脂や卵・牛乳を使用しないベーグルが低カロリー、低コレステロールのヘルシーフードとして注目されていたのです。

ニューヨークからベーグルが輸入されると、日本でもそのヘルシーさとシンプルな味わいが受け、ベーカリーやベーグル専門店からじわじわと人気が広がっていきました。シンプルなのでサンドイッチやトーストなどさまざまなアレンジができるため、現在ではカフェメニューなどでも定番として提供されています。

ベーグル専門店「ベーグル&ベーグル」が登場
(写真提供：株式会社ドリームコーポレーション)

カヌレ

ポスト「クイニーアマン」として話題になったのが「カヌレ」でした。パンというよりも洋菓子のカテゴリーに入るものですが、フランスの修道院で古くから作られていたものです。焼く時に型に蜜ろうを塗るのが特徴で、手のひらサイズの黒っぽい焼き色がついて中はしっとりした、素朴なお菓子でした。爆発的なブームにはなりませんでしたが、日本に紹介されたフランス伝統菓子のひとつとして定番になりました。

8 2000 年代

2000 年代は、今まであった商品をより進化させたもの、ひとつの商品でも地方による特色を盛り込んでバリエーションを豊かにしたもの、健康志向や本格志向にこだわったものなど、さまざまなスタイルのパンが登場しています。

メロンパン

2000 年代が始まるとすぐ、メロンパンのブームが起こりました。有名なもののひとつが新宿高野で発売された本物の果汁を使用した生地で、果汁の入ったクリームを包んだ「クリーミーメロン」です。メロン以外のフルーツが使われた同様の商品も注目され、焼き上がりの時間を待つ行列ができました。また、本格志向のメロンパンだけではなく、街角にメロンパン専門のショップや、車での移動販売をするショップができたりするなど、さまざまな形でメロンパンの進化が起こりました。

メロン果汁の入った「クリーミーメロン」
（写真提供：株式会社新宿高野）

カレーパン

メロンパン同様に、さまざまなバリエーションが生まれたのがカレーパンです。パンの中身のカレーには、北海道・関東・関西などのご当地風の味付けを施して差別化を図ったものが登場し、それぞれの味付けを試したくなる消費者の心をくすぐりました。また、おなじみの揚げパンタイプのものだけではなく、焼きカレーパンや白いパン生地のカレーパンなど、パン生地そのものにも工夫をこらしているものが登場し、バリエーション豊かなものになりました。

バリエーション豊かなカレーパン

フランスパンブーム再燃

2000年代に入って、ポール、メゾンカイザー、ヴィロンといった本場のフランスのパンを掲げた専門店が続いてオープンしました。これらのベーカリーは本格的・高級なフランスパンのブランドとして注目を浴び、ふたたびフランスパン（ひいてはハードタイプのヨーロッパパン全般）のブームを起こしています。

ハードタイプのパンが人気の PAUL
（撮影協力：PAUL 六本木一丁目店）

Bench Time
Bread Column

クープ・デュ・モンド・ド・ラ・ブーランジェリー

ベーカリーの世界大会である「クープ・デュ・モンド・ド・ラ・ブーランジェリー」は、1992年からフランス・パリで開催されています。開催は3年に一度（1996年大会までは2年に一度）で、国ごとの代表に選ばれたパン職人たちがパンづくりの技術を3人で構成されたチームで競い合います。

4つのテーマから競技され、それぞれ重量・味・ボリューム・外観・オリジナリティ・芸術性・技術力が問われます。日本選手も出場しており、2002年に行われた大会では総合優勝も果たしました。

蒸しパン

1980年代の「チーズ蒸しパン」ブームに続き、新しいタイプの蒸しパンが登場し、人気を得ています。発酵させず、油脂もあまり使わない蒸しパンは、健康志向にマッチして徐々に広がり始めています。甘いデザートタイプのものだけではなく、芋や豆などの素材をトッピングしたものや、きんぴらごぼうのような惣菜が入った軽食タイプのものが出ており、蒸しパンを専門に扱うショップも登場しています。やさしい味わいと食感、余計なものが入らないシンプルな材料が人気の理由です。

きんぴらごぼうの蒸しパン
（写真提供：王様のむしぱん高木店）

ラスク

2000 年代には、ラスクも第 2 次ブームを迎えました。ラスク専門店が開店し、デパートや駅ビルの中のショップなどでも大人気となり、買うための行列ができるほどとなりました。ラスクの種類も多様化しており、さまざまなフレーバーの砂糖がトッピングされたもの、チョコレートがかけられたもの、ガーリックやカレーなど甘くないタイプのものなど、バリエーションの多さも人気となっています。

最近人気のラスクは種類もさまざま

ハイジの白パン

アニメ「アルプスの少女ハイジ」に出てくる「白パン」(ライ麦などを使った「黒パン」と対照的なものとして登場)をイメージして作られた「ハイジの白パン」。チェーンベーカリーなどでも売られていますが、ホームベーカリー機器の普及とともに、家庭で作られるレシピとして人気になっています。インターネットや雑誌などで多くのレシピが公開されているので、手軽に作れること、真っ白でふんわりした仕上がりであることが、童話の世界をイメージさせ、人気となっています。

白く、ふっくらとした形が特徴の食事パン

米粉パン

小麦粉の代わりに 米粉を主原料として作ったパンのこと(米粉とは、うるち米やもち米を原料として作られる米の粉を総称したもの)。米粉自体は以前からあったのですが、パンとして作りにくいことや、価格などがネックとなり普及していませんでした。しかし、近年の小麦粉価格の高騰に伴い、にわかに注目されるようになりました。栄養価が高く、小麦粉に比べてカロリーは低いというメリットがあり、また、主食用米の需要が減少している中、米粉の需要が増えれば食料自給率アップにもつながると、政府が推進しています。

コンビニブランドのパン

2000 年代になって特に目立つようになったのが、コンビニ独自のパンです。大手コンビニエンスストアでは、調理パンや菓子パンを中心とした独自の商品を独自の工場で生産し、製パンメーカーの商品と一緒に並べるようになってきています。独自のマーケティングで生まれた商品は、人気に応じて入れ替えがされており、消費者のニーズをとらえたものとして販売の実績を伸ばしています。

たくさんのパンが並ぶ店内の様子
(写真提供：株式会社セブン＆アイ・ホールディングス)

ホームベーカリーのパン

さまざまな家電メーカーから、材料を入れてタイマーをかけておけば、朝にはパンが焼き上がっているホームベーカリーマシンが発売されています。この機器の発展により、「朝は家で焼き立てのパンを食べる」派の家庭が増えてきており、パン市場の一端を担っています。

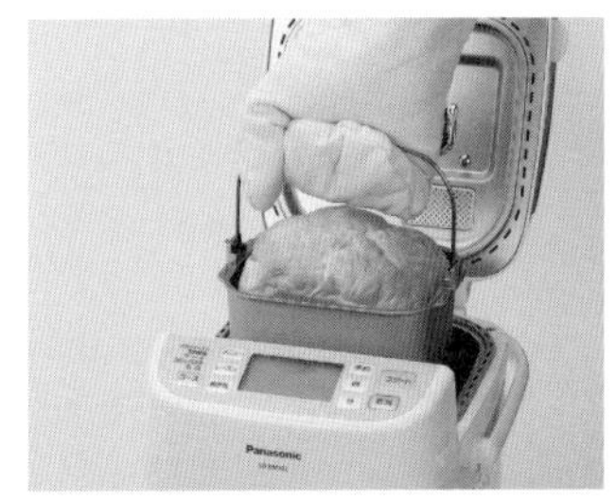

家庭で手軽にパンが焼けるホームベーカリー
(写真提供：パナソニック株式会社)

9 最近の商品～多様化の時代

パンは私たちの身近な存在となり、最近では、さまざまな場所で多種多様のパンが手軽に食べられています。世界各国のパンから、ご当地メニューを扱った珍しいものまで、バラエティーに富んだパンを楽しみましょう。

多様化されるパン

近頃のパンの傾向の特徴は、ひと言でいうと「多様化」です。さまざまな場所でさまざまなパンが作られ、食べられているのです。
家庭消費として食べられている食パンやロールパンなどの主食パンはスーパーなどに並び、イートイン式のベーカリーでは、多種類の菓子パンや調理パンなどを、店舗の中で食べることが可能です。さらに、カフェではドリンクと一緒に楽しめるメニューとして、サンドイッチやデニッシュに加えて、ホットメニューとしてのパニーニやフォカッチャなども人気です。また、塩パン、高級食パン、マリトッツォなど、大きなブームとなる商品も登場しています。また、家庭での手づくりもパン消費のカテゴリーのひとつとなっています。

販売の形態としては、一般の流通のほかに、自社工場で生産し、焼き立てを店頭に並べるコンビニエンスストアの独自ブランドが業績を伸ばしています。各店舗で焼き上げて販売するベーカリーも、個人ベーカリー・大型チェーン店ともに根強い人気を得ています。

原料も多様化しており、最近の傾向としては米粉を使ったものなど、小麦粉以外の原料を使ったパンも増えてきています。

「ご当地メニュー」として人気のものも多種発売されていて、カレーパンのご当地風味に加え、焼きそばパンのご当地メニュー化（富士宮焼きそば、横手焼きそばなど）もみられ、ちくわパン・サラダパン・みそパン・餃子パン・おやきパンなど、その地方でしか味わえない商品も多々発売されています。

群馬県沼田市で販売されているみそパン
（写真提供：株式会社フリアンパン洋菓子店）

10 世界各国のパンの流行

世界中で食べられているパン。国によっても流行はさまざまです。伝統的な手法で作られたパンや、健康志向のヘルシーなパンなど時代のニーズに合ったものが多くあります。パンは世界の食卓で欠かせないものとなっています。

フランス

フランス・パリでは、パリ市主催の「バゲットコンクール」が開かれています。毎年、パン職人が腕を競うもので、味はもちろん、香りや焼き加減、クラムの状態など総合的に審査します。その年に1位になったパン屋さん（ブーランジェリー）のパンがブームになるそうです。

また、昔ながらの手法で作られたパンが流行中で、ナチュラルで無添加のパンが人気を得ています。

「バゲットコンクール」で審査されているバゲット
（写真提供：La Boulangerie Francaise）

アメリカ

アメリカといえばホットドッグやハンバーガー。それらのパンは根強い人気を誇っていますが、現在は健康志向が広がってきていて、低カロリー・低コレステロールのベーグルの人気が定番化しています。さらに、スープやサラダと一緒にパンを食べる、軽い食事を提供するスタイルのパン屋さんが増えています。スーパーなどで売られているパンにも、全粒粉を使ったもの、油脂を使っていないカロリーの低いものなどが増えており、健康志向に合わせたものになってきています。

ニューヨークのスタンドで売られているベーグル

韓国・中国

韓国や中国では、日本式のベーカリーが流行し始めていて、日本と同様のスタイルのパン屋さん（特にチェーンベーカリー）が増えています。そのような店舗からは日本に研修のために来日し、そのやり方を学んで帰るため、あんパンやクリームパン、メロンパンなど、日本独特のパンが並ぶようになってきています。

韓国ドラマのタイトルにもなっている「あんパン」
（写真提供：ジェネオン・ユニバーサル・エンターテイメントジャパン）
※写真提供元は 2010 年時点の販売元となります

パンの歴史は、戦後日本の食文化の歴史と深く結びついています。日本人の口に合うようにと工夫されて登場したあんパン、戦後の食糧難を乗り越え、世界中の国からの支援を受けて誕生した給食のパン、日本独自の進化をとげた調理パン、フランスパンをはじめとする、本格的なヨーロッパタイプのパンにさまざまな種類の菓子パン…。これだけの種類のパンが味わえるのが日本のパン食文化なのです。世界中の国から新しいものを取り入れたり、さまざまな工夫を積み重ねたりしながら大きく成長してきた日本のパン食文化。生活の中にしっかり根付いたパンは、これからもその種類と形を変えながら、歴史を積み重ねていくことでしょう。

第 2 章　練習問題

問 1　**戦後の食料不足の時代、パンを膨らませるために使われていたものは次のうちどれか。**

1. ヨーグルト
2. イースト
3. 重曹
4. 砂糖

問 2　**学校給食に出されていたコッペパンを作るために使用されていた小麦粉は、主にどこの国の援助によるものか。**

1. フランス
2. ドイツ
3. 日本
4. アメリカ

問 3　**1966 年、東京都港区に開店したドンク青山店をきっかけに人気となったパンはどれか。**

1. 頭脳パン
2. フランスパン
3. あんパン
4. サンドウィッチ

問 4　**映画『クレイマー、クレイマー』がきっかけでブームとなった、パンを利用して作るメニューはどれか。**

1. フレンチトースト
2. パングラタン
3. ラスク
4. ドーナツ

問5 **下の文章の中で、調理パンについて正しく述べているものはどれか。**

1. 調理パンの文化は、フランスから入ってきたものである
2. 調理パンの人気は下火となっており、種類が減少傾向にある
3. 調理パンは日本で発展をとげたもので、豊富な種類と食事用のパンとして人気である
4. 一般的にブレッチェンは調理パンに分類される

問6 **「ローマンミールブレッド」とは、どのようなものか。**

1. 全粒粉を使った食パン
2. 生地にバターを練り込んだパン
3. 皮の食感が楽しめるハードタイプのパン
4. 精製された小麦粉を使った白い食パン

問7 **1990年代に大ブームとなった、格子柄が特徴の焼き菓子はどれか。**

1. クレームブリュレ
2. ベルギーワッフル
3. ミニクロワッサン
4. チーズ蒸しパン

問8 **2000年代頃より普及し始めた、自宅で手軽にパンを焼ける家電商品は何か。**

1. オーブン
2. 電子レンジ
3. フードプロセッサー
4. ホームベーカリー

第2章　解答解説

戦後の物資がない時代、イーストなどが手に入らなかったため、小麦粉に重曹を入れて膨らませたパンを各家庭で焼いて食べていた。(詳細→ P42)

アメリカやユニセフなどの援助によって、戦後の学校給食は始まった。1950年にはアメリカの寄贈小麦粉によるコッペパンが給食に提供された。(詳細→ P45)

1966年に開店したドンク青山店は、外国人の居住区が近くにあったこと、仕事ぶりが外から見えるオープンベーカリーをメインにした店舗の造りなど、さまざまな要素が成功要因となり、フランスパンのブームを起こした。(詳細→ P47)

かたくなったパンを利用して作るフレンチトーストは、映画『クレイマー、クレイマー』のヒットとともにブームになった。(詳細→ P49)

調理パンは、焼きそばやコロッケなどのおかずをパンにはさんだり、カレーなどの具をパンに包んで調理したりといった、日本で発展をとげたパンである。(詳細→ P50)

「ローマンミールブレッド」とは、アメリカの「ローマンミール社」の名前に由来するパンで、全粒粉を使用した、ブラウンタイプの食パン。(詳細→ P52)

1990年代、街角のショップで焼いて提供される、ヨーロッパスタイルのベルギーワッフルが大ブームとなった。サクサクしてなおかつやわらかい、新しい食感の焼き菓子として認知されるようになった。(詳細→ P55)

近年、一般的になってきているホームベーカリーは、材料を入れてセットしておけば焼き立てのパンが食べられる、という手軽さが人気。(詳細→ P62)

第3章
小麦を学ぶ

パンづくりにおいて
最も重要な位置を占めるのは
もちろん小麦。
小麦は小麦粉という姿に形を変え、
より改良を加えられ、さらにパンという
身近な食品として愛されてきました。
この章では、そんな小麦が小麦粉、パンとなるまでを
栄養面、製粉技術や品種の話を交えて
理解を深めていきます。

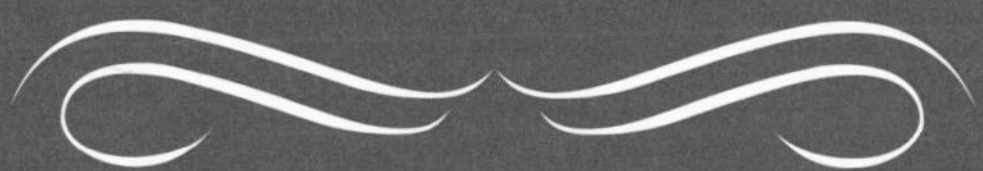

1 植物としての小麦

3 級では硬質小麦と軟質小麦について述べましたが、ここではさらにいくつかの分類法を学びます。

小麦の体系

小麦はイネ科コムギ族コムギ属に属している食物ですが、その中でまたいくつかの種類に分かれます（図 3-1）。

図 3-1　ムギの種類

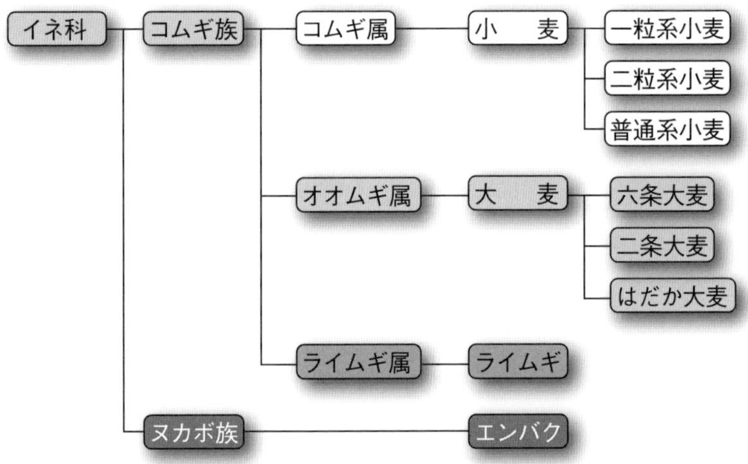

コムギ属の小麦の種類は、その染色体の数と種類によって一粒系、二粒系、普通系に分類されます。現在栽培されている小麦のほとんどが普通系で「普通小麦」あるいは「パン小麦」と呼ばれている種です。
パスタなどに使われる「デュラム小麦」は二粒系に属し、「マカロニ小麦」とも呼ばれます。乾燥した気候の土地に適しています。胚乳はカロテノイドを含み黄色で硬質ですがデュラム小麦のタンパク質はよいグルテンができないので、パンづくりには向いていません。
大麦も六条大麦、二条大麦などに分類されますが、小麦の一粒系、二粒系、普通系は種の違いがあるのに対し、六条大麦、二条大麦は品種の違いです。

普通小麦の分類法

普通小麦（パン小麦）はいろいろな分け方があり、それによって小麦の種類を見分けることができます。

【小麦の胚乳のかたさによって】

・硬質小麦（ハード）
・軟質小麦（ソフト）

一般的に硬質小麦はタンパク質の含有量が多く、製パンに向いています。同じ硬質小麦の中でも品種、土壌、気候などの違いによってタンパク質の量と質が違い、用途別に分けられます。パスタ用のデュラム小麦も硬質小麦です（3級参照）。

【小麦の表皮の色によって】

・赤小麦（レッド）
・白小麦（ホワイト）

これは品種によって決まります。外皮に赤や赤褐色の色素をもつものを赤小麦といい、この色素がなく白っぽいものは白小麦と呼ばれます。タンパク質の量が多いものも色が濃くなります。例えば、白小麦のデュラム小麦はタンパク質が多いと、こはく色に見え「アンバー」と呼ばれることもあります。

図 3–2　白小麦と赤小麦の断面

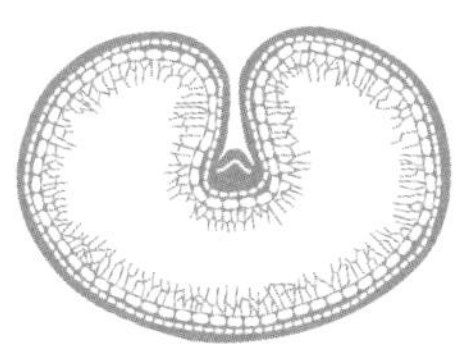

白小麦

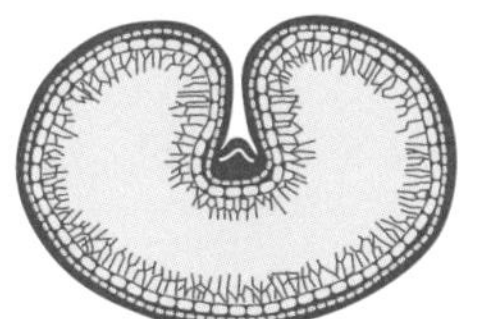

赤小麦

【種をまく時期によって】

・春小麦（スプリング）北半球では3～5月に種をまいて、7～9月に収穫します。
・冬小麦（ウインター）北半球では8～12月に種をまいて、5～9月に収穫します。

冬小麦は一定期間低温にさらされないと出穂しないという「低温要求性」をもちます。

2 小麦の品種

世界中で栽培される小麦は気候やその目的によって、さまざまな品種が生産されています。

輸入小麦

図 3-3 小麦の輸入先（%）

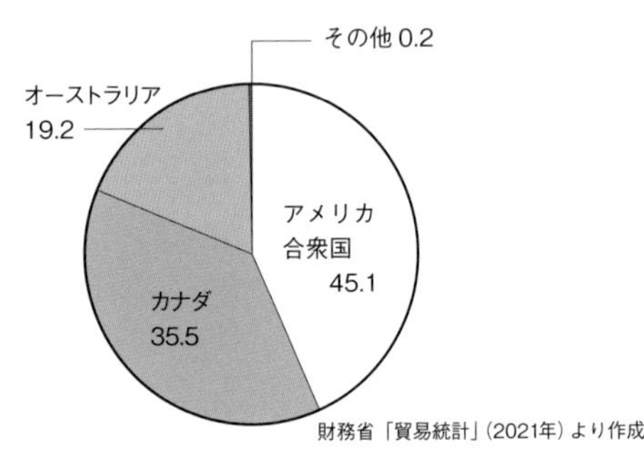

財務省「貿易統計」（2021年）より作成

【カナダ産小麦】

カナダで生産される小麦はほとんどがハード・レッド・スプリング小麦で、世界で最も品質の高いパン用小麦とされています。栽培地域が東部から西部へと広がっていて、気候の違いからカナダイースタンとカナダウエスタンに区別して扱っています。

カナダ農務省穀物局によって品質管理が確立されており、安定性と高品質が保たれています。

以前は日本でパン用粉の最上級の代名詞といえば、「マニトバ小麦」でした。これはカナダのマニトバ州（図 3-4）の名にちなんだ「マニトバノーザン小麦」のことでしたが、1971 年にカナダ小麦の規格が改正され、現在では「カナダ・ウエスタン・レッド・スプリング CWRS（小麦）」という名称の小麦です。日本ではその中でも 3 等級あるうちのいちばん上の「No1 カナダ・ウエスタン・レッド・スプリング（1cw）小麦」を輸入しています。タンパク質含有量 12.5%以上で、製パン性は非常に高いといえます。カナダ産小麦は日本の全輸入量の 24.2%を占めています。

図 3-4

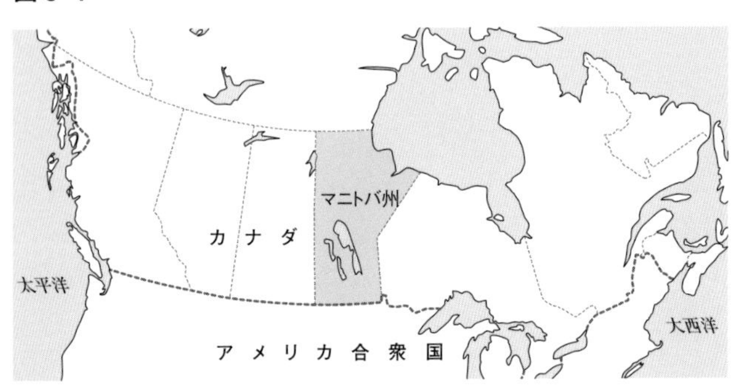

【アメリカ産小麦】

アメリカでは大平原を中心に小麦が栽培されています。その広大な国土ゆえに土壌や気候の地域差は大きく、それぞれ地域に適した種類の小麦が生産されています。その生産量は国内需要を大きく上回っており、輸出量は世界一です。
日本の全輸入量の54.1%を占めいちばん多く輸入されています。

パン用小麦の原料としてはハード・レッド・スプリング小麦の「ダーク・ノーザン・スプリング（DNS）小麦」と「ノーザン・スプリング（NS）小麦」という副銘柄のついたものの2等級以上の小麦が毎年1000万トン程度輸入されています。カナダ国境に近い地域を中心に栽培されていて、カナダのパン用小麦に近い品質を備えていますが、カナダ産小麦に比べるとやや品質のばらつきが大きいとされています。

そのほか日本に輸入されているものにはアメリカで最も生産量が多く、全輸出量の半分以上を占めているハード・レッド・ウインター小麦と、ソフト・ウエスタン小麦があります。日本に輸入された「ハード・レッド・ウインター小麦」は春小麦と混合してパン、中華めんに使われています。「ソフト・ウエスタン小麦」はソフト・ホワイト小麦とソフト・クラブ小麦を混合して作られた菓子用の小麦粉です。

【オーストラリア産小麦】

オーストラリアからの日本への小麦輸入は全輸入量の21.6%ですが、そのほとんどがうどんなど日本めんの原料として使われています。

「オーストラリア・スタンダード・ホワイト（ASW）小麦」といわれるブレンド粉のうち特にウエスタン・オーストラリア州で生産された「ヌードル品種」と「オーストラリア・プレミアム・ホワイト（APW）小麦」を日本向けにブレンドした小麦を輸入しています。オーストラリアでは品質の向上と新品種育成に、日本めんへの適性を重要視しており、ASW小麦の日本めん適性は高く評価され続けています。

国産小麦

【開発の歴史】

日本の小麦生産は、その気候、土壌などの点で生産環境が厳しいことが多く、品質や生産量が不安定です。このため現在は85%以上を輸入に頼っています。中でもパンに向いている硬質小麦の生産は非常に少なくほとんどが輸入小麦です。

しかし、そんな中で1985年に世の中に出たのが北海道産スプリング小麦「ハルユタカ」でした。しかしその栽培のむずかしさから、生産量は非常に不安定で年によってムラがありました。それでも国産小麦でパンが焼きたいというベーカリーの根強いニーズから、同じスプリング小麦の「春よ恋」が登場しました。国の農業試験場ではなく、はじめて民間で開発された品種で、ハルユタカにアメリカのパン用品種「ストア」を交配させたものです。ハルユタカに比べ、病気に強く収穫量が多いので2000年に発売され、2004年にはハルユタカの8倍の流通量となり、現在の北海道産パン用小麦の主流になっています。一方、もともとは日本の小麦の大半を占めるウインター小麦の「キタノカオリ」も誕生し、パン用小麦としての供給が期待されています。

【国産小麦のいろいろ】

このほかにハルユタカと前後して育成された中力小麦に、「ホロシリ」「ホクシン」などがあり、ハルユタカ、春よ恋、キタノカオリとブレンドされてパン用小麦になります。
ハルユタカを使ったパン用小麦を20年以上も作ってきたのが北海道の江別製粉です。主なパン用小麦には「はるゆたかブレンド」「OPERA（オペラ）」があり、ハルユタカを主に北海道産小麦とブレンドしています。
これに対し春よ恋を使った「道春」、キタノカオリを使った「穂香」を出しているのが木田製粉、春よ恋を使った「ニングル」を出しているのが横山製粉で、それぞれの特性を生かす工夫をしています。
また北海道以外での地方でもパン用小麦を開発する努力が続けられており、岩手県の「こゆき」などがあります。

こうして国産小麦は製パン用に使われるようになりましたが、タンパク質11～12%の国産小麦はアメリカ、カナダ産パン用小麦に比べて製パン性がやや低いといわざるをえません。
しかし、消費者の健康と食生活安全性、輸入小麦にはない味わいを求める意識などで国産にこだわったパンの需要は確実に伸びているようです。

3 小麦から小麦粉へ

小麦は世界の多くの国で栽培され、小麦粉にして使われています。小麦とともに世界3大穀物である米（イネ）・トウモロコシはどちらも粒のまま食べられ、粉にしても使われています。ではヒトはいつ頃から小麦粉を作るようになったのでしょうか。

粒食と粉食

【粒のまま食べる】

小麦の原産地は諸説があります。そのひとつ約 8500 年前のイスラエル・ジェリコの遺跡からは炭化した小麦の粒が発見されています。この遺跡から発見されたのは、一粒系小麦と二粒系小麦でした。現在、最も多く食べられている普通系小麦は小麦の栽培が中近東からヨーロッパ、アジアへと広がっていく過程で、カスピ海南岸付近で二粒系小麦と野生種の小麦が自然交雑して生まれたといわれています。

栽培の初期の頃は、ヒトはムギを生で食べていたと考えられています。しかし、ムギが生で食べられるのは成熟途中の乳熟期のものに限られ、その期間は短く生食に適した食べ物とはいえませんでした。とはいえ、まだ土器がない時代(先土器時代) なのでムギは、「穂焼き法※1」や「砂炒り法※2」で粒のまま食べられていました。
このように穀物を粒のまま食べるということを粒食といいます。

図 3-5 小麦の原産地

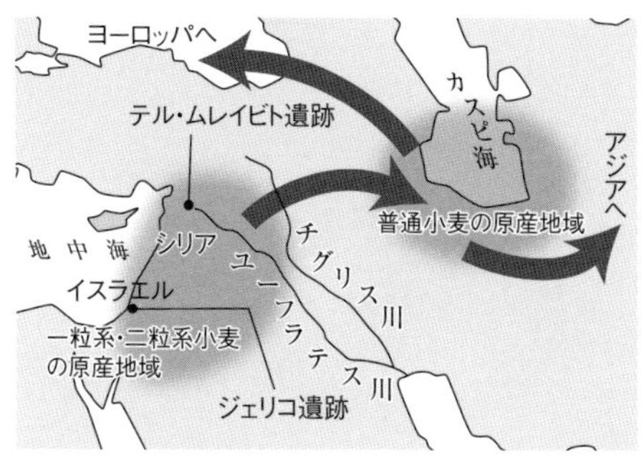

※1　穂焼き法：乾燥させたムギの穂をそのまま燃やし、穂を焼き落として食べる方法
※2　砂炒り法：熱した砂とともにムギを炒って、食べる方法

【粉にして食べる】

ヒトは小麦に火を通してもかたく食感が悪いので何とかおいしく食べたいと考えたようです。およそ8000年前のシリア、テル・ムレイビト遺跡からムギの粒とともに皿状の石のすり臼や石の臼、短い杵が出土しました。このことから、この時代にはすでに製粉が行われ始めていたと想定できます。小麦は栽培に適し、栄養価の高い作物ですが、非常にかたく、粒のままでは食感が悪く消化率も劣ります。そこで、小麦を臼などで粉にして食べることが始まりました。このように穀物を粉にして食べることを粉食といいます。

その後、土器が出現し、小麦を煮て食べるようになりました。小麦を粉にして水を加えて煮てみると粘りが出てまとまり、食べやすくなり、しかもおいしかったのです。小麦に含まれるグルテニンとグリアジンは粉にして、水と混ぜ合わせてこねることによって、はじめてグルテンを形成し、その長所を有効に利用することができるからです。

またムギ類の構造上、胚乳がやわらかく、表皮がかたいので、皮を砕くと胚乳までつぶれてしまいます。さらにクリースという溝が中央にたてに走っているので、皮を除いたとしてもクリース部分が残ってしまいます。そこで、表皮ごと小麦を粉にして、胚乳を分離するようになっていきます。

このように、小麦はヒトが栽培するようになってからまもなく粉食へと発展し、時代とともに製粉技術が発達していきました。

図 3-6　小麦の断面図

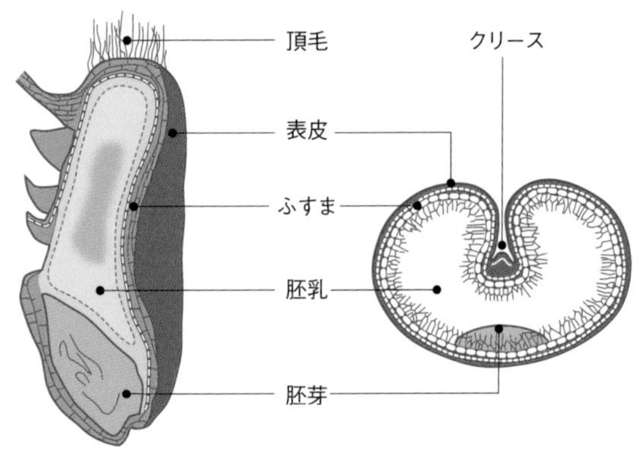

製粉の方法

小麦ははじめ、棒状の石で穀粒をたたいて砕いて粉にしていたようです（上下運動）。しかし、この方法はコメ・アワなどの皮を取り除くのには有効でしたが、小麦粒は皮がかたく、飛び散ったりしてなかなか粉になりませんでした。

そこでたたくよりつぶしたほうが効率がよいということで「サドルカーン」（往復運動）に移行していきました。BC500 年頃のエジプト王朝ではサドルカーンによる粉挽きが行われていたようです。その後、小麦の伝来とともに粉挽きの技術もギリシャに渡り、さまざまな改良がなされました。

その結果、考え方が往復運動から回転運動へと飛躍して「ロータリーカーン」が生まれたのです。いわゆる「回転式石臼」です。
この紀元元年前後から完成されたロータリーカーンはヨーロッパ全土に広がり、東は中国・日本にも伝わっていきました。この回転式石臼による製粉方法は、畜力・水力・風力などを使う大型の石臼へと発達しながら、16 世紀にイタリアで発明されたローラーミル（2 本のロールの間ですりつぶす仕組みの機械）を経て、19 世紀にスイスで実用化したロール式の製粉工場が建設されるまで 1800 年以上も続きました。

現在行われている段階的な製粉法の基礎となっているのは、このローラーミルとエジプト王朝時代からすでに使われていたと思われる「フルイ」の考えが発達したものです。それは 17 世紀にフランスで考案された段階方式のフルイ、1854 年にアメリカで考案されたピュリファイヤー（不純物を吹き飛ばす純化器）の組み合わせによるものです。

では、現在の日本で小麦が製粉工場に入荷してから小麦粉として完成するまでを追ってみましょう。

図 3-7 ローラーミル

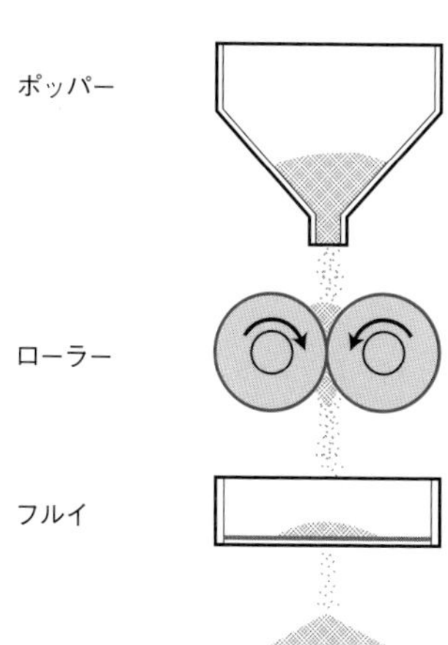

【受け入れ】

アメリカ、カナダ、オーストラリアなどからの輸入小麦は船で港に到着し、船から直接真空ポンプで臨海工場へ吸い上げられます。それ以外の工場へは陸揚げ後、貨車またはトラックで運ばれサイロに貯蔵されます。

【品質検査】

ただちにサンプルを採取し、品質検査を行います。

【精選、調質加水】

精選工程ではセパレーター※1、アスピレーター※2、ディスクセパレーター※3、研磨機※4、マグネチックセパレーター※5、除石機などが使われ、サイロ中に交ざっている小麦以外の異物を取り除き、小麦をきれいに磨きます。

調質工程（コンディショニング）では、小麦に少量の水分を含ませて、一定時間タンクの中でねかせます。これによって胚乳がやわらかくなり、表皮がはがれやすくなります。

【原料配合】

小麦は品種産地、生産年度などによって品質が変わるので、いくつかの銘柄やロットを配合し一定品質にします。

※1　セパレーター：左右に動くスクリーンにより小石、枝などを選別する
※2　アスピレーター：空気流により軽い異物を取り除く
※3　ディスクセパレーター：大麦、オーツ麦などを取り除く
※4　研磨機：不純物や粗い物質をこすり落とす
※5　マグネチックセパレーター：鉄分などの異物を取り除く

【ふるい分け—純化—粉砕】

まずブレーキロールを通り、セモリナと呼ばれる顆粒状のものになり、シフターというフルイで分けられます（ふるい分け）。セモリナをピュリファイヤーでふすまを取り除き（純化）、次にスムースロールで粉にします（粉砕）。さらに細かいシフターでふるうと、上がり粉※と呼ばれる小麦粉ができ上がります。

これらの「ふるい分け」「純化」「粉砕」のくり返しと組み合わせによって何種類もの性質の異なる粉を生産することができるのです（図 3-8）。

図 3-8 製粉工程

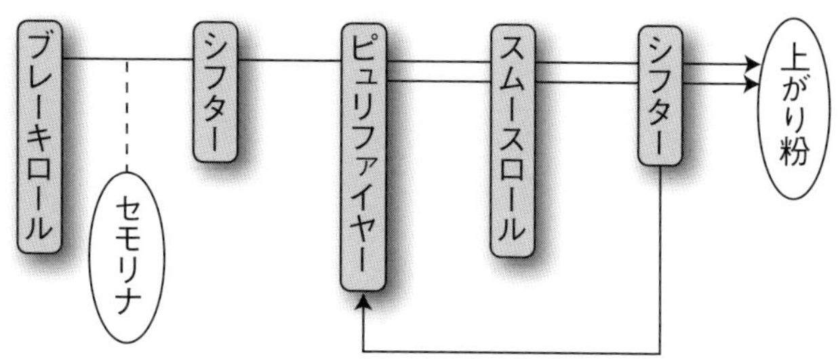

【仕上げ】

これらの性質の異なる上がり粉を絶妙に組み合わせて1～3種類の小麦粉、すなわち製品としての小麦粉を作り上げます。さらに製品の異物除去を確認するために再度ふるいます。製品は銘柄ごとに製品タンクに入れられ、さまざまな品質検査に合格してはじめて製品として出荷できます。

※上がり粉：製粉機でできたばかりの粉

強力粉と製粉技術

小麦粉の分類には、用途別分類と等級別分類がありますが、最もパンに適している強力粉は用途別分類の中で、タンパク質の割合が最も多く、粒子は粗くてかたく、水分の吸収が多いのが特徴です。
例えばイギリスパンを焼いた場合、薄力粉で作った時に比べると、そのボリュームは大きく焼き色は濃くツヤがあり、香りもあります。しかし逆にケーキを強力粉で作ってもふんわりとしたスポンジケーキはできません。同じ小麦でもその種類によって性質に大きい開きがあり、用途に合った小麦粉を作り出すのが製粉技術です。
今や日本の製パン技術は世界でもトップクラスといわれていますが、その技術を支える小麦の検査レベル、製粉設備と製粉技術水準も世界トップレベルにあるといわれています。

小麦粉の熟成（エージング）

製粉直後の小麦粉は胚乳中のカロテノイド色素※のために淡い黄色味を帯びています。この状態の粉は不安定で製パン性が劣ります。この粉を数日〜１か月おくと製粉中に抱き込まれた空気中の酸素の働きで小麦粉中に自然酸化が起こり、色も白くなってきます。これを「小麦粉の熟成」と呼び、熟成が終わると製パン性も向上します。
熟成期間は輸入小麦の場合、小麦の段階でも熟成が進むので一般的には短めでよいと考えられていますが、そのほかにもさまざまな条件の違いがあり、はっきりした数字は出ていません。

※カロテノイド色素：自然界に存在する黄色〜赤色の色素群・ニンジンなどに含まれるカロテンや、卵黄に含まれるルチンなどのキサントフィルに分けられる

4 部位ごとの栄養比較

小麦粒は大きく３つの部位から成ります。ここでは各部位ごとの成分を比較しながら各成分の栄養上の役割を考えてみましょう。

図 3-9 小麦の構造

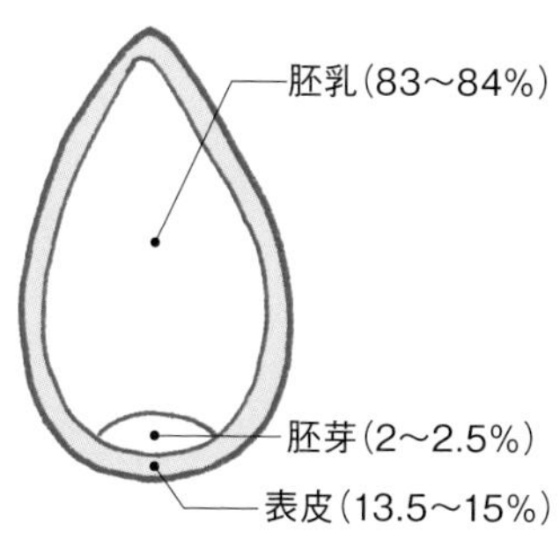

『パンシェルジュ検定３級公式テキスト』より

表 3-1 小麦粉と小麦胚芽の主な栄養成分

	エネルギー	水分	タンパク質	脂質	炭水化物	灰分	食物繊維 水溶性	食物繊維 不溶性	食物繊維 総量	ミネラル カリウム	ミネラル マグネシウム	ミネラル リン	ビタミン E	ビタミン B_1	ビタミン B_2
	kcal	g					g			mg/100g			mg/100g		
薄力１等粉	368	14.0	8.0	1.7	75.9	0.4	1.2	1.3	2.5	120	12	70	0.3	0.13	0.03
中力１等粉	368	14.0	9.0	1.8	74.8	0.4	1.2	1.6	2.8	100	18	74	0.3	0.12	0.05
強力１等粉	366	14.5	11.7	1.8	71.6	0.4	1.2	1.5	2.7	80	23	75	0.3	0.10	0.07
全粒粉	328	14.5	12.8	2.9	68.2	1.6	1.5	9.7	11.2	330	140	310	1.2	0.34	0.33
焙焼小麦胚芽	426	3.6	32.0	11.6	48.3	4.5	0.7	13.6	14.3	1,100	310	1,100	32.6	1.82	1.24

「五訂日本食品標準成分表」より

胚乳

いわゆる小麦粉は小麦の中の84%を占める胚乳部分から作られています。その主な成分は炭水化物とタンパク質で、炭水化物は熱となり、タンパク質は血や肉のもととなります(図3-10)。

図3-10　胚乳の栄養成分(%)

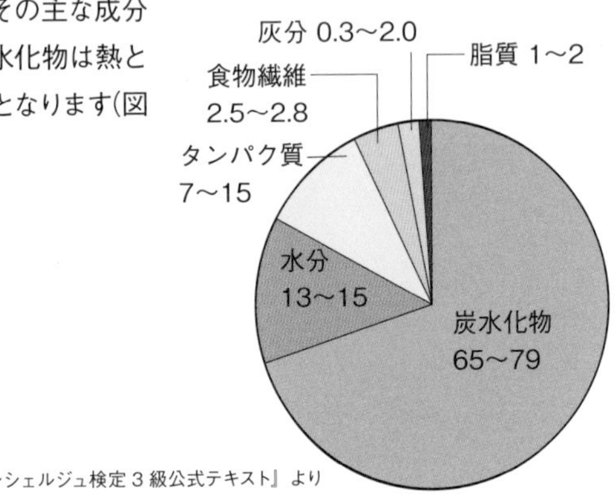

『パンシェルジュ検定3級公式テキスト』より

炭水化物は糖質とも呼ばれ、体内で燃焼して体温を維持し、体内の諸器官の活動、体外の仕事や運動などの活動のための力を供給するエネルギーとなる栄養のことです。
小麦粉加工品の生産高トップで全体量の30%以上を占めるパンは、ご飯・めん類とともに日本人の主食でありエネルギー源となる食品の代表です。小麦粉のエネルギーは100g当たり約370kcalで、精白米のエネルギーはほぼ同じく約360kcalです。

一方タンパク質は人間の生命維持や成長のために必要不可欠な栄養です。小麦粉中のタンパク質は7～15%含まれ、米よりも多く、重要な植物性タンパク質源になります。小麦粉の植物性タンパク質は必須アミノ酸※のリジンが少ないので、これを多く含む動物性タンパク食品や大豆製品などとともに摂取すると栄養価が高まります。例えばパンと一緒に牛乳を飲んだり、ハムサンドを食べたりすることは効果的です。

※必須アミノ酸：タンパク質を構成するアミノ酸のうち、人間の体内では合成されないもの。食物から摂取しないと発育や健康維持に障害をきたす

胚芽

胚芽は小麦の約2.5%を占める部分。次世代の小麦の芽となり、茎や根ができてくるところで栄養価が高く、バランスもよいので栄養の宝庫と呼ばれています。胚芽からは栄養補助食品なども作られています。

図3-11　胚芽の栄養成分（%）

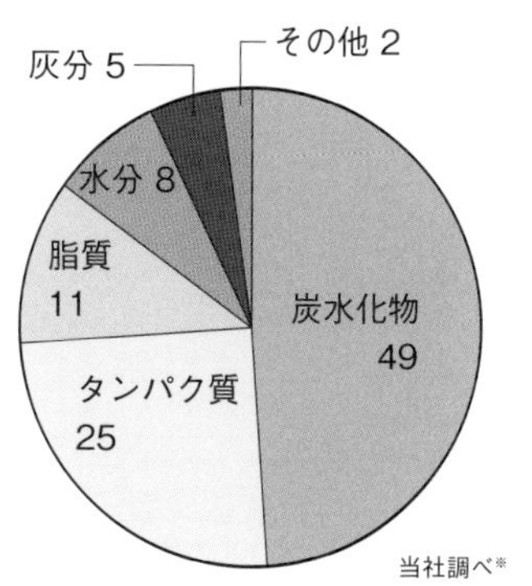

栄養素としてはタンパク質、炭水化物、脂質、ビタミン、ミネラルの5大栄養素をバランスよく含んでいます（図3-11）。タンパク質は必須アミノ酸のリジン、ロイシンを多く含みます。脂質は細胞膜成分として重要で、血中コレステロールを下げる作用もあるリノール酸を多く含みます。ビタミンとしてはB_1、B_2、Eを多く含み、日常摂取しにくいカリウム、リン、マグネシウムなどのミネラルも多く含みます。

しかし小麦を製粉する際、胚芽は表皮とともに取り除かれてしまうので、この豊富な栄養素は小麦粉中には含まれません。胚乳のみを製粉した小麦粉の特性を生かして、小麦粉加工品を作る上で多くの嗜好に合うという機能を果たすからです。

そこで小麦胚芽は胚乳から分離後、精製、焙焼加工されることによって栄養補強の食材として使われています。製品としての焙焼した小麦胚芽はそのまま食べることができるほか、お菓子、クッキー、料理に幅広く使うことができます。

パンづくりでは小麦粉の約10%程度をこの焙焼小麦胚芽に置き換えて生地を作ると香り高い胚芽パンになります。製品によっては発酵阻害を起こす場合があるので、その場合は、少しローストしてから使います。

※当社調べ：部位および粉ごとの栄養成分比率は、各社の製品ごとに差異があり各製粉会社資料を参考に当社で作成した数値

表皮

表皮とは、最も外側にある表皮から胚乳に向かって下皮と数層の細胞からなる外皮全体を指し、小麦ふすまとも呼ばれます。

図 3-12　表皮の栄養成分（%）

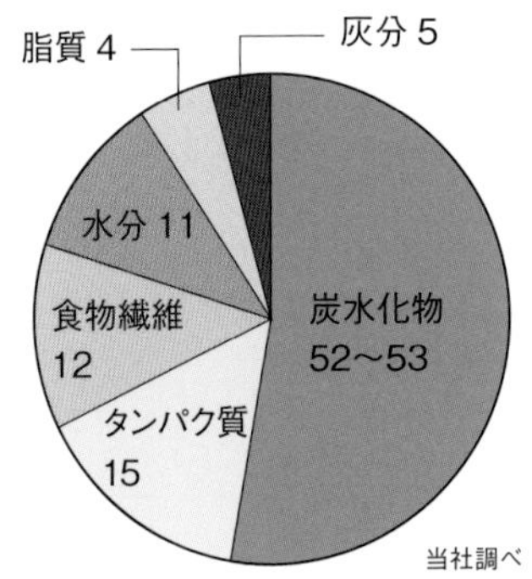

表皮に含まれる栄養素で最も注目されるのが食物繊維で、小麦のほかの部位、特に胚乳部には少ない成分です（図 3-12）。
食物繊維は表皮の細胞壁を作り、胚乳を守る骨組みの役割を果たしていますが、特に高カロリー、高脂肪、高タンパクに陥りがちな現代人の体に不可欠な栄養素です。

製品としての小麦ふすまは、精製後粉末にしてローストされているもので、食物繊維が多く栄養補助食品として使われています。パンづくりには小麦粉の 10%程度を加えて生地づくりに使うことができます。

最近のベーカリーの傾向としては、ふすま入りのパンよりは表皮や胚芽をすべて含んだ全粒粉を配合に加えて作った全粒粉入りのパンが多くみられます。

食物繊維について

食物繊維とは、人間の消化酵素では分解されない食品中の難消化成分の総称です。しかし、食物繊維と呼ばれるようになったのは20世紀後半になってからで、それまでは繊維質という成分としてのみ捉えられていました。体内で消化されないので、エネルギーにも栄養にもならない無用の組成物と考えられ、捨てられたり飼料になったりしていました。

その後、食生活の変化とともに繊維質が不足すると大腸の機能が低下したり、大腸ガンになりやすくなることや繊維質にはコレステロールを正常値に整えるなどの効果があることがわかり、その存在が見直されて「食物繊維（ダイエタリーファイバー）」と呼ばれるようになりました。

現在では小麦の外皮、ごぼうなどのように植物の細胞壁を構成するセルロース、ヘミセルロース、リグニンなどの不溶性食物繊維と寒天などのグルコマンナン、果物のペクチンなどの水溶性食物繊維などに分類されています（表3-2）。不溶性食物繊維は、腸のぜん動運動を活発にして便秘の改善に役立ちます。一方水溶性食物繊維はコレステロール値を正常に近付けるほか、血圧の改善、糖尿病やガンの予防にも効果があるという報告があり、注目されています。

近年では、キチン・キトサン、コラーゲン、コンドロイチンなどの動物性食物繊維も注目されています。動物性の食べ物への偏りが著しい現代の食生活の中で、日本型の食生活が見直されるとともに、食物繊維はタンパク質、脂肪、炭水化物、ビタミン、ミネラルに次ぐ「第6の栄養素」と呼ばれ現代人の健康に不可欠な成分となっています。

表3-2　不溶性・水溶性食物繊維

不溶性食物繊維	水溶性食物繊維
ゴボウ、エリンギ、ライ麦パン、イチジクなど	コンブ、玄米、アシタバ、プルーン、キウイフルーツなど

パンの栄養

パンに含まれる栄養はどんなものがあるでしょう。パンは主食の代表メニューのひとつであり、エネルギー源である炭水化物が主な栄養ですが、そのほかにタンパク質、ビタミンB群、ミネラル、食物繊維などが、ご飯・めん類に比べて多く含まれています。

【リッチなパンの栄養】

バターロール、ブリオッシュなどのリッチなパンの生地には主材料のほかに、砂糖、卵、牛乳、バターなどの副材料が多く含まれています。したがって小麦粉に含まれる栄養のほかに、小麦粉に不足している動物性タンパク質や乳製品のカルシウムなどが加わることにより、消化がよく、栄養価の高いメニューとして、成長期の子どもの間食にも向いています。消化がよく栄養価の高い加工品を作ることは、小麦の粉食文化が長い歴史の中で培ってきたものです。

【リーンなパンの栄養】

リーンなパンの生地には副材料がほとんど入らない配合ですが、小麦粉の中に表皮、胚芽、全粒粉などを混入することによって、食物繊維をはじめとし、胚乳には少ない栄養を補うことができます。これらの栄養はほかの食品でも日常で摂取しにくいものなので、いわゆる「白くないパン」を食べることは栄養摂取につながります。

全粒粉とは

全粒粉は小麦の表皮、胚芽を取り除かずにすべてを粉にしたものです。
アメリカのシルベスター・グラハム博士が1837年にこの栄養価の高さに注目し、全粒粉を推奨したことからグラハム粉とも呼ばれますが、本来のグラハム粉は表皮と胚芽を粗挽きにしているものをいいます。

全粒粉100%の生地はかなり製パン性が劣るので小麦粉に10～30%加えてパンを作ると表皮、胚芽両方の栄養価を取り入れられ、風味も味わい深いパンになります。最近のヘルシー志向も手伝って、日本のベーカリーでも全粒粉を使った商品が多く販売されています。

5 他の粉との成分比較

小麦以外で主食とされる粉の成分とその特徴を比べてみます。

ライ麦粉

ライ麦は麦の中でも痩せた土壌でも生育しやすく、寒冷な気候にも耐性があり、収穫できます。

図 3-13　ライ麦粉の栄養成分 (%)

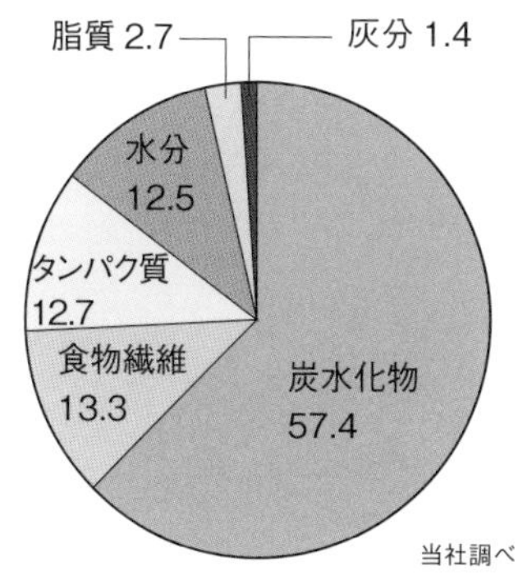

当社調べ

タンパク質は必須アミノ酸のリジンを、また食物繊維も小麦より多く含みます。その他リン、イオウ、マグネシウム、カリウムなどのミネラルを含むところから栄養面でもすぐれた機能を備えた材料といえます (図 3-13)。

ライ麦粉はグルテンを形成しないので、パン生地に混入する場合は一般的に 20%程度が食べやすいといわれています。独特の香りがあり、キャラウェイシードやハチミツを加えると風味が増します。そのほか発酵種として代表的なサワー種の原材料にもなります。

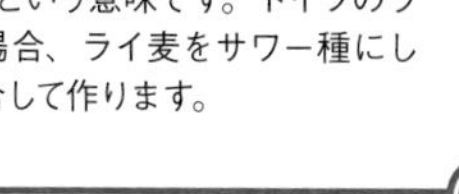

ドイツパンとライ麦

ドイツパンの文化は良質のパン用小麦に恵まれなかったことから、ライ麦の栽培が自然と盛んになり発展したライ麦パンの文化といえます。ドイツのライ麦パンはライ麦粉の混入比率によるパンの呼び方があります。

・ローゲンミッシュブロード：
　ライ麦粉 50%以上混入

・ヴァイツェンミッシュブロード：
　ライ麦粉混入率 50%未満

これに地方の名前や副材料が加わり、パンの名前になることもあります。

例えばヌス・ヴァイツェンミッシュブロードはクルミ入りのライ麦 50%未満のパンのことです。ヴァイツェンは小麦粉、ローゲンはライ麦粉、ミッシュは混合したという意味です。ドイツのライ麦パンは多くの場合、ライ麦をサワー種にしてから小麦粉を混合して作ります。

米粉

米粉とはうるち米、またはもち米を原料として作られた米の粉の総称です。
米の国、日本での米粉の歴史は古く、奈良時代からその製法が実用化していたようです。現在では米粉は和菓子に多く用いられ、うるち米、もち米、それぞれの原料で次のような種類があります。

- うるち米を原料とするもの（上新粉、上用粉など）
- もち米を原料とするもの（餅粉、白玉粉、道明寺粉、寒梅粉、上南粉など）

図 3-14　米粉（うるち米）の栄養成分表（%）

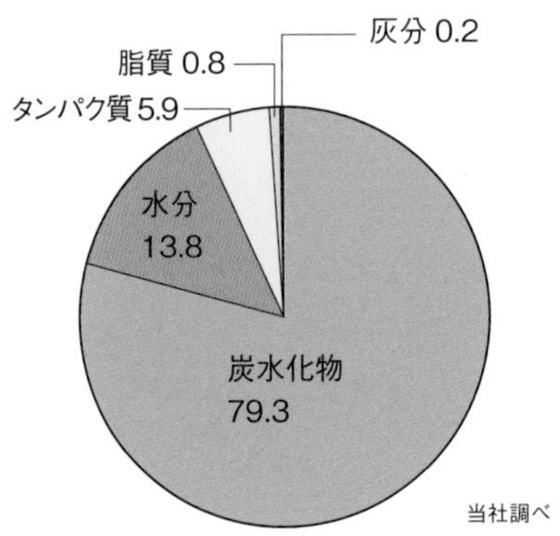

当社調べ

主成分は炭水化物で、タンパク質の量は小麦より劣りますが、アミノ酸スコア※は強力小麦の 38 に比べ 65 と高く、良質のタンパク質を含んでいます。

※ アミノ酸スコア：食品中のタンパク質の品質を評価するためのスコア。タンパク質を体内で利用するには必須アミノ酸がバランスよく含まれている必要があり、それらがすべて存在する場合はスコア 100 となる

近年、米粉パンがブームとなっていますが、この米粉は従来の和菓子用米粉とは違う製法で作られています。パン用米粉は和菓子製菓用に比べると、粒子が細かくほとんどがうるち米を原材料としています。開発はそもそも日本の米の需要率アップを図るために新潟県をはじめとする米産地にある製粉会社などで行われました。

本来パンは小麦粉のグルテンによってふっくらと膨らむので、米粉だけでパンを作ることは基本的には不可能です。そのため米粉100%のパンを作るためにはグルテン、植物性タンパク質などを添加したパン用米粉が主流になっています。
製品としては、「シトギミックス20A」(片山製粉)、「パン用米粉ミックス」(木之内製粉)などがあります。

このほかに添加物なしの超微粒米粉100%の製菓製パン用米粉があります。この粉は強力粉に5～10%加えて米粉入りパンを作ったり、米粉100%でスポンジケーキを焼くことができます。粉は米の甘い香りとしっとりしたもちもち感が特徴です。
製品としては「オリュゾン(増粘多糖類を含む)」(加藤粉体技術研究所)、「ゆきひかりライスパウダー」(市川農場)、「小実ちゃん」(ホームメイドクッキング) など。

小麦アレルギーの人からは米粉100%でパンを作ってほしいという要望があり、製粉所や大学などで研究が進んでいます。

6 小麦から生地へ

粉となった小麦がパンになる仕組みは３級でも学びましたが、さらに、理解を深めていきます。

グルテニンとグリアジン

小麦粉に含まれるタンパク質は７～15%ですが、その中の85%を占めるグルテニンとグリアジンが小麦粉最大の特徴であるグルテンを作り出します。

表 3-3　小麦粉に含まれるタンパク質（小麦粉中のタンパク質を100%とした場合）

	タンパク質の種類	不溶／可溶	性質
グルテン	グリアジン（39%）	不溶	粘着：流動性物質 粘着力強く伸びやすい
	グルテニン（46%）	不溶	弾性：ゴム状 弾力に富むが伸びにくい
ノングルテン	アルブミン（4%）	可溶	動物性、植物性の両方がある （広く生物体に分布）
	グロブリン（6%）	可溶	動物性が多い （広く生物体に分布）
	プロテアーズ（5%）	可溶	ペプチド類の混合物

グルテニンとグリアジンは水に溶けませんが、逆に水分を吸収する性質があります（表3-3）。小麦粉に水分を加えて、さらに物理的な圧力を加えるとグルテニンとグリアジンの両方の相反する性質を兼ね備え、切れにくく伸びのよい網目構造をもつグルテンになります。

この時、水とタンパク質が結合する状態を水和※1といいます。水和が十分にできていると、水は結合水となり、よいグルテンができて水分のとびにくい生地になりますが、水和が不充分な場合はタンパク質のまわりに自由水※2が多く存在し、生地は乾燥しやすく、パサついたパンになりやすくなります。

※１　水和：物質が水の分子と結合する現象
※２　自由水：食品中を自由に動き回ることができる水分

グルテンのもつ粘弾性のバランスは小麦粉の種類、水分量などによって微妙に異なり、これをうまく使い分けることによってさまざまな製品を作り出すことができます。このグルテン形成こそが世界中の人々の嗜好に合う食べ方を可能にし、小麦を穀物の王様と言わしめるゆえんです。

硬質小麦と軟質小麦では、硬質小麦のほうがタンパク質を多く含むので形成されるグルテンの量が多くなり、パンづくりに向いています。しかし同じ硬質小麦でもその品種や品質によってグルテニンとグリアジンの比率や分子構造が異なり、グルテンは粘性が強く出たり、弾性が強くなったりします。また、小麦胚乳中の部位によってもタンパク質の量は異なり、中心部から外側に向かって少しずつ多くなっています。
つまりパンづくりで粉を生地にする時、用途別・等級別に分けられ作られた小麦粉の中からその時、作りたいパンに最も適したものを選ぶことと、さらに加える水の量、副材料の種類や量、及びこね方によってよいグルテンのバランスを引き出すことが、成功の最大のカギとなります。

グルテンの網目構造とでんぷん

でんぷんとは植物の種子、球根などに多く含まれる多糖類のことで（英語ではスターチ）、その原料植物には、トウモロコシ、コメ、豆、ばれいしょ、タピオカ、そして小麦などがあり、それぞれ性質の違いと特色をもっています。

小麦粉の成分のほとんどを占めるでんぷんは全体の70～75%を占め、そのほかの炭水化物成分としては2～3%のペントザン、約1.2%のデキストリンがあります。
パンを作る場合、小麦粉に主材料、副材料と適量の水（一般的にはベーカーズパーセント60～70%）を加えてこねると、やわらかさと弾力をもつパン生地ができます。この時、小麦粉中のでんぷん粒子は生地中に形成されたグルテンの薄い膜に包み込まれるとグルテンを支え、発酵によって発生した炭酸ガスを保持します。ガス抜き、発酵をくり返し、生地が熟成していく段階で小麦でんぷんはグルテンとからみ合い、パン特有の風味を作り出していきます。
このほか、小麦粉のでんぷんは生地中で重要な役割を果たしています。

❶タンパク質とともに水と結合し、水和を確立する。
❷酵素によって分解され、パン酵母の栄養源となる。
❸グルテンとからみ合い、グルテンの結合を適度に阻害し、生地をなめらかに伸びをよくする。

7 生地からパンへ

生地が発酵し、いよいよパンとなる最終工程の仕組みを学んでいきます。

糊化と固化

パン生地が最終発酵を終え、加熱されるとでんぷんは急激に変化していきます。生地内の温度が45℃に達すると、でんぷん粒は生地中の自由水とグルテンから水分を奪い、自らは水和膨潤してブヨブヨ状態になります。この状態が温度上昇とともにさらに激しく進み、ドロドロの糊状に変化することをでんぷんの糊化といいます。最終的にでんぷんの構造は完全に破壊されています。これをα（アルファ）化ともいい、変化したでんぷんをαでんぷんといいます。

糊化の段階は温度の上昇とともに激しくなり、第1次糊化（60℃付近）、第2次糊化（75℃付近）、第3次糊化（85℃付近）と3段階で完成します。

この時グルテンは水分を奪われ熱変して凝固を起こし、パンの骨格となって、グルテン膜からパンのすだちと呼ばれるようになります。そしてさらなる温度の上昇で、でんぷんのα化が停止し、さらに加熱されると水分の蒸発が始まり、αでんぷんが固体になります。この変化を固化といいます。状態はフワフワです。これはまさしくパンが焼き上がるタイミングであり、焼成中のほかの反応変化が同時に完了することによって、パンが焼き上がります。

オーブンに入れる前の生地中には一般的には43～48%の水分が含まれています。焼成後はグルテンがかたい輪郭を作り、クラスト部分では大きく水分を失い3～4%、その隣接している部分のクラムでは15%、その他のクラムでは40～45%とあまり変化しません（図3-15）。

図 3-15　パンに含まれる水分変化

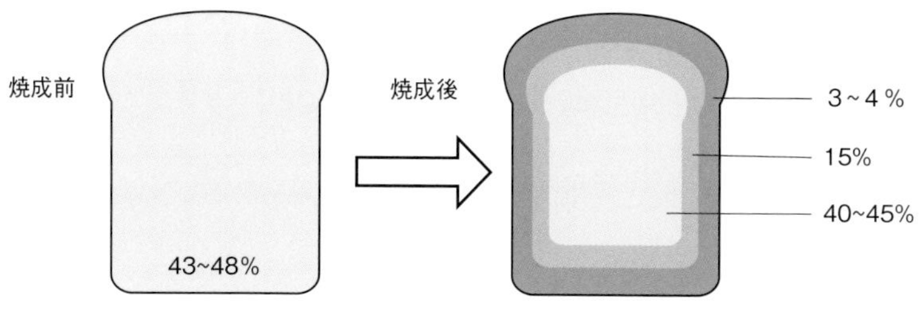

表 3-4　生地の温度によるでんぷん変化

生地の温度	でんぷんの変化
30 ～ 45℃	生でんぷんの状態（βでんぷん）
45 ～ 50℃	でんぷん粒の水和、膨潤が始まる
50 ～ 65℃	でんぷん粒の水和、膨潤が進む
60 ～ 65℃	でんぷんの糊化が始まる
65 ～ 80℃	でんぷんの糊化が激しくなる（αでんぷん）
80 ～ 85℃	でんぷんの糊化が停止する
85 ～ 97℃	糊化したでんぷんが固化する（αでんぷん）

でんぷんの糊化は製パン・食用において最も重要な性質であり、でんぷんは糊化によって人体で消化吸収することが可能になります。

焼き上がったパンはしっとりフワフワしていますが、冷めてきてさらに時間がたつとかたくなります。これはαでんぷんがβ（ベータ）化してしまうことから起きる現象で、パンの老化と呼びます。しかしでんぷんが完全にもとのβでんぷんに戻ることではないので、再加熱することによってα化し、おいしく食べることができます。

パンの焼成変化とパンの骨格

パンの焼成工程において、パン生地は黄金褐色の外観と風味豊かな食感をもったパンに変化します。
この最終工程でパン全体のボリュームの2割、フレーバー（風味）の7割が生成されます。
クラムとクラスト、それぞれの変化をみていきます。

【クラム内の変化】

オーブンに入れる前のパン生地は一般的には35～40℃。これを180～200℃に予熱したオーブンに入れると生地内の温度は徐々に上がり、45℃でイースト及び各種酵素が活性化し、生地中に大量の炭酸ガスが発生します。このガスによってグルテン膜が急激にうすく押し広げられ、パン全体が膨らみ、ボリュームは20～30%アップします。これがオーブンスプリング（釜伸び）です。

図 3-16　クラムの変化

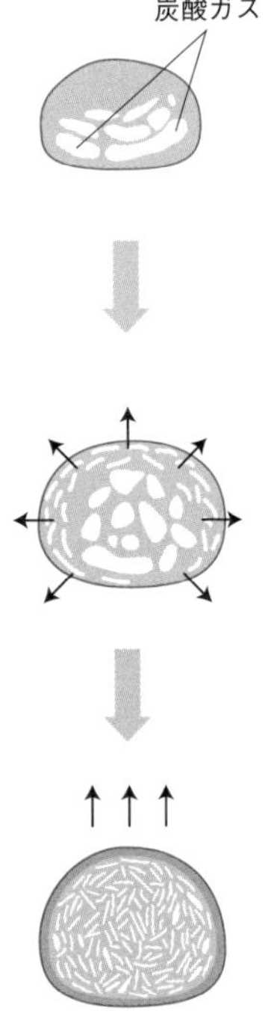

オーブン内の生地の膨らみは発酵工程による膨らみとは違い、急激な温度上昇によって起こるので、生地の段階でよいグルテンができていないと、よいオーブンスプリングはできません。膜質が厚かったり、未発酵の生地の場合は膨らみが悪かったり、輪郭がいびつな形になってしまいます。よいグルテンとよい成形は、ガスの増加によるパンの膨らみ、パリっとしたクラストを作る基本です。

でんぷんが水分と結合し、生地が最も流動的な状態になります。クラムが60℃になるとイーストも酵素も死滅してオーブンスプリングは終了。そしてこの頃から水和膨潤していたでんぷんの糊化が進みます。
オーブンスプリングが終了するとグルテン膜は水分を失い、そのしっかりした網目構造は熱変で凝固します。これがパンの中の骨格となり、固化したでんぷんがその骨格を支えてパンを形づくります。
クラムが完成（85℃）して生地がパンへと変化します。

【クラストの形成―パンの最終構造の形成】

クラムが完成に近づく頃、パンは輪郭であるクラストを形成していき、同時に焼き色とフレーバーが生成されます。
生地の外部の温度は150℃に達し、水分が蒸発して外部がかたくもろくなり、焼き色がついて表皮形成がなされます。
またメイラード反応※1によってフレーバーを生成します。

またクラスト外部ではこの途中でデキストリンという糖が分解する際の中間物質を生成し、ツヤ出しの役目をし、さらに温度が上昇し180℃近くになると糖類のカラメル化反応※2が起こります。

こうして生地外部の着色、メイラード反応、カラメル化反応によりクラストが形成され、パンはかたい輪郭をもち、外からパン全体を支えます。

はじめはかたい粒であった小麦が粉から生地になり、発酵熟成をくり返して、それぞれの成形を経てオーブンに入れられ、そして焼き上がってオーブンから出される時の醍醐味は大きいでしょう。

図 3-17
クラストカラーの変化

第3章 小麦を学ぶ

※1　メイラード反応：アミノ酸、タンパク質などのアミノ化合物（アミノ基を持つ物質）とブドウ糖、果糖などのカルボニル化合物（還元基を持つ物質）が加熱により反応して、メラノイジンという褐色の物質を生成すること
初期、中期、後期の３段階に分けられ、それぞれ無色→黄色→褐色と変化していく
※2　カラメル化反応：糖が加熱により褐色に変化する反応のこと

第 3 章　練習問題

問 1

ムギの分類で二条、六条などの種類があるのは次のどれか。

1. 小麦
2. 大麦
3. ライムギ
4. エンバク

問 2

北海道産小麦のうち、パン用の硬質小麦としてはじめて民間で開発され、現在での主流ともなっている品種は次のどれか。

1. ハルユタカ
2. 春よ恋
3. キタノカオリ
4. ホロシリ

問 3

小麦の原産地を推測できる最古の遺跡であるイスラエル・ジェリコ遺跡は、今からおよそ何年前のものか次から選べ。

1. 10000 年前
2. 8500 年前
3. 6000 年前
4. 4500 年前

問 4

小麦の胚芽には5大栄養素がバランスよく含まれているが、次のうち5大栄養素でないものはどれか。

1. 脂質
2. タンパク質
3. ミネラル
4. 食物繊維

問5 小麦の胚乳部分は7～15%のタンパク質を含むが、構成されるアミノ酸の中で含有量の少ないものは次のうちどれか。

1. リジン
2. バリン
3. ロイシン
4. フェニルアラニン

問6 19世紀に全粒粉を推奨したグラハム博士はどこの国の人か。

1. フランス
2. アメリカ
3. カナダ
4. ドイツ

問7 ライ麦を使った発酵種は次のうちどれか。

1. ホップス種
2. 酒種
3. ルヴァン種
4. サワー種

問8 パン生地中でタンパク質やでんぷんが水と結合する状態を何というか。

1. 飽和
2. 水和
3. 溶解
4. 結水

第 3 章　解答解説

大麦はイネ科、コムギ族、オオムギ属に分類され、さらにこの中に六条大麦、二条大麦、はだか大麦がある。
（詳細→ P70）

「春よ恋」は「ハルユタカ」にアメリカ品種「ストア」を交配させたもの。収穫量が多く病気にも強い。（詳細→ P74）

今から約 8500 年前のジェリコ遺跡から小麦の粒の炭化したものが発見され、小麦の原産地を示す有力説となっている。
（詳細→ P75）

5大栄養素とはこのほか炭水化物とビタミンのこと。食物繊維は5大栄養素ではないが第6の栄養素と呼ばれ、その有効性が証明されている。（詳細→ P83）

これらすべてが必須アミノ酸であるが、リジンは動物性タンパク質に多く含まれる。必須アミノ酸とは、ヒトなどの動物の体内で合成できず、栄養分として摂取しなければならないアミノ酸のこと。（詳細→ P82）

アメリカのシルベスター・グラハム博士は 1839年（1837年説もある）に全粒粉の栄養の高さに注目し、これを推奨した。牧師でもあった博士は自然食運動の先駆者でもある。（詳細→ P86）

ドイツのライ麦パンの多くはライ麦をサワー種にしてから作られている。サワー種（sourdough）は乳酸菌と酵母が共生したもので、この乳酸菌が独特の酸味を生む。有機酸や抗生物質も含まれており腐敗しにくく、日持ちがするのも特徴。
（詳細→ P87）

物質が水と分子結合することを水和という。飽和は最大限で混じり合った状態、溶解は物質が溶けることを表す。
（詳細→ P90）

第4章
パンの世界が広がる材料

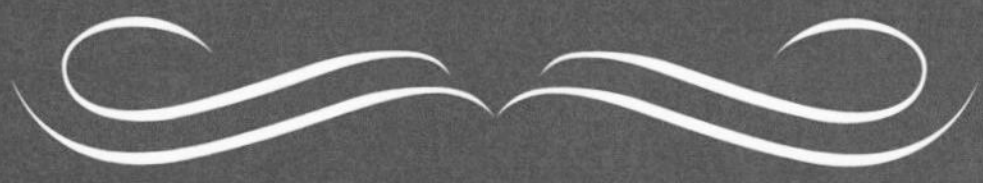

パンには生地の配合と成形の組み合わせで
さまざまな種類があります。
さらにその生地に、フルーツ、ナッツ、チーズなどの
材料が加わることによって、
無限ともいえるパンのメニューが生まれます。
この章ではそんなパンの世界が広がる
材料とその使い方を学んでいきます。

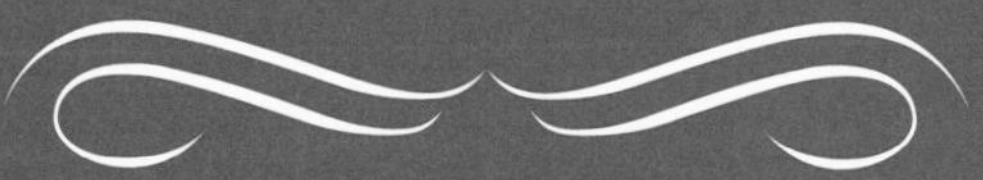

1 フィリング・トッピング

ナッツやドライフルーツ、あんなどの食材は、パンのメニューを豊かにしてくれます。

フィリング・トッピングの種類と役割

パンの種類は大きく「主食パン」「調理パン」「菓子パン」の３つに分けられますが、どのジャンルもさまざまなメニューの広がりがあります。最近の日本のベーカリーをのぞいてみると、かなりバラエティーに富んでいて、パンの種類ではヨーロッパ、アメリカのショップを超えているようにも思われます。

これらのパンのメニューに変化をつけ、バラエティーを広げるのに大きな役目を果たしているのがドライフルーツやナッツをはじめとするフィリングとトッピングです。
例えばナッツ類は、生地に練り込んだり、巻き込んで成形したり、あるいは仕上げにトッピングして焼成したりします。

フィリングとトッピングにはいろいろな種類や使い方がありますが、共通していえることは味が濃く、風味や香りにインパクトのある食品が向いているということです。パン生地と一緒に食べるので、やさしい味のものは全体の風味がぼけやすくなります。

ドライフルーツ

ドライフルーツは生のフルーツの保存性を高める目的で古代より作られていました。生のフルーツに比べると味や香りが凝縮されていて、実もしっかりしているのでパン生地と組み合わせるのに向いています。
天日干しで作られるドライフルーツは、ミネラルが豊富で栄養価がアップします。
中でもレーズンはその代表で歴史的にも最も古くからパンに使われています。

【レーズン】

干しブドウのこと。フランス語でブドウという意味のレザンからきています。ブドウは英語ではグレイプ（ドイツ語ではヴァイントラウベ）ですが、干しブドウはレーズンと呼ばれます。最もポピュラーにレーズンと呼ばれるものは、黒褐色のカリフォルニアレーズンです。パンに合うレーズンにはそのほかにも表のような種類があります。

表 4-1

品名	品種	原産国	色・特徴
カリフォルニアレーズン	トンプソン種	アメリカ	黒褐色、甘味と酸味のバランスがよい
カレンズ	コリント種	アメリカ	黒褐色、小粒、比較的酸味が強い
ゴールデンレーズン	サルタナ種	オーストラリア トルコ	黄金色、皮、実ともやわらかく甘味が濃い
グリーンレーズン	トンプソン種	アジア	淡いグリーン、やや細長く、皮がやわらかい、甘味、酸味ともマイルド

レーズン入りのパンはレーズンブレッド（イギリスパンの形）、レーズンロール（ロールパンの形）、レーズンプチ（丸パンの形）などが代表的でベーカリーの定番にもなっています。レーズンはオイルコーティングしていないものを選んで水洗い後、水気をふき取り使用します。アレンジメニューとしては、クルミを合わせて使うノア・レザンや、ゴールデンレーズン、グリーンレーズン、クランベリーなどを練り込み、切った時にさまざまなフルーツの色がきれいなミックスフルーツブレッドなどがあります。

その他のドライフルーツ

パンに合うドライフルーツをいくつか紹介します。

- **ブルーベリー(英)**／ミルティーユ(仏)／ハイデルベーレ(独)
  アメリカ原産
  活性酸素の働きを抑制するアントシアニンを多く含んでいます。

- **ストロベリー（英）**／フレーズ（仏）／エルトベーレ（独）／イチゴ（日）
  ビタミンC、アントシアニンを多く含んでいます。

- **クランベリー（英）**／ツルコケモモ（日）
  アメリカ北部原産
  鮮やかな色。酸味が強いので生食には向きません。

- **アップル(英)**／ポム(仏)／アプフェル(独)／リンゴ(日)
  ドライのアップルは、小さい角切りを砂糖漬けにしたアップル・チップがよく使われます。

- **アプリコット（英）**／アプリコ（仏）／アプリコーゼ（独）／アンズ（日）
  ガン予防、老化防止に効果があるとされるβカロテンを多く含み、さらにドライフルーツにすると、その量が３倍以上になります。

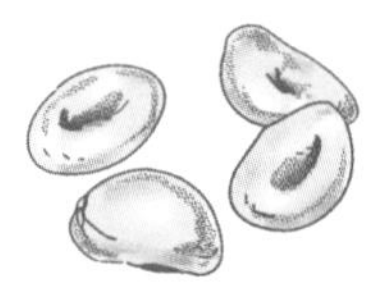

- **フィグ（英）**／フィグ（仏）／ファイゲ（独）／イチジク（日）
  主な生産地は、日本・イラン・トルコ・アメリカ
  日本産は多く生食されます。ドライフィグは甘味が強く、パンやケーキに広く使われています。

パンシェルジュ検定

パンシェルジュ検定
Pancierge License

Pancierge License

会場 or オンラインで受験できます

＼毎年 春 秋 開催／

パン好き必見の資格 パンシェルジュ検定

詳しくはパンシェルジュ検定公式サイトをご覧ください

公式サイト https://www.kentei-uketsuke.com/pancierge/

主催：パンシェルジュ検定運営委員会　協力：株式会社ホームメイドクッキング　企画・運営：日販セグモ株式会社

About the Pancierge

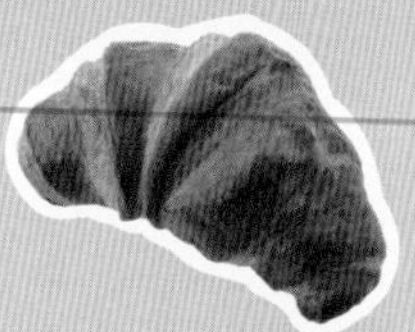

「パンシェルジュ」とは

「奥深いパンの世界を迷うことなく案内できる
幅広い知識を持った人」という意味です。

パンの製法・器具・材料の知識はもちろん、
歴史・いろいろな国のパン・・・
衛生に関する知識・マナーなどの
幅広い分野についての試験を行います。
パンを作る・食べることが大好きな人ならだれでも
受けることが出来ます。
一人でも多くの人がこの検定を通じてパンへの理解を深め、もっと好きになって頂ければ幸いです。

Pancierge Points

Point.1
受験者数
6万6千人
※23回までの累計

Point.2
ベーカリーやパン製造・開発メーカーも導入

Point.3
パンの総合的な知識が学べる
唯一の検定

About Class

各級の位置づけ

ベーシック〜マスターまで。
レベルに合わせて体系的に学べます！

専門	パンシェルジュ マスター 1級	まさにパンのスペシャリスト。パンシェルジュの最高峰。	合格率 49%
実践	パンシェルジュ プロフェッショナル 2級	仕事で活かせる実用的なパンの知識を習得！パンのプロフェッショナルへ。	合格率 65%
入門	パンシェルジュ ベーシック 3級	パンが好きな方、興味がある方に向けたパンシェルジュの登竜門。	合格率 84%

各級の出題内容

各級公式テキストから出題されるので、
テキストさえ読めば十分に合格を狙えます！

Basic ベーシック 3級

パンの製法の基礎はもちろん、歴史・材料・器具・文化・マナー・衛生に関する知識を問います。

Professional プロフェッショナル 2級

3級の範囲にマーケット・トレンド・コンビネーションなどを加え、より実践的な知識を問います。

Master マスター 1級

3級・2級の範囲に健康・未来学・サービス学などを加え高度で専門的な知識を問います。

問題例

※正解はページの下にあります。

パンシェルジュ検定
Panciergeı License

3級：パンの歴史・材料・器具・文化・マナー・衛生に関する基本的な知識を問います。
2級：3級の範囲に加え、マーケット・トレンド・コンビネーションなどについての実践的な知識を問います。
1級：3級・2級の範囲に加え、健康・未来学・サービス学などを加え、高度で専門的な知識を問います。

ベーシック｜3級｜

Q.1 **次のうち、タコスなどでおなじみのメキシコの薄焼きパン「トルティーヤ」の原料となるものはどれか。**
①ピーナッツ　②小麦　③コメ　④トウモロコシ

プロフェッショナル｜2級｜

Q.2 **焼きそばやコロッケなどのおかずをパンにはさんだり包んだりしたものを一般に何と呼ぶか。**
①調理パン　②食パン　③サンドイッチ　④おやつパン

マスター｜1級｜

Q.3 **次のうち、食物繊維が最も豊富なのはどのパンか。**
①デニッシュペストリーなどのリッチなパン
②全粒粉パンやライ麦パンなど、表皮が多く含まれているパン
③食パンなど、精製された小麦粉で作られたパン
④フランスパンなどのリーンなパン

詳しい解説は公式テキストをご覧ください

【正解】〈3級問題〉Q1:④　〈2級問題〉Q2:①　〈1級問題〉Q3:②

合格者の声

荒井美羽さん
子育てをしながらパン教室を主宰
ベーシック（3級）

パンシェルジュで得た知識は**教えることの自信**に。生徒さんとの会話の中でも役立っています！

姫野直子さん
料理教室講師を経てチェーンベーカリーで活躍中
マスター（1級）

パンの製法を含め総合的な知識を身につけられたことで**社内や取引先からの信頼獲得につながりました！**

新規会員募集中

pantena
ぱんてな

パンシェルジュ検定オフィシャルメディア

ぱんてなに登録して
パンシェルジュ検定に申し込むと
お得がいっぱい！

※どなたでも会員登録可能（無料）

ドライフルーツの加工品

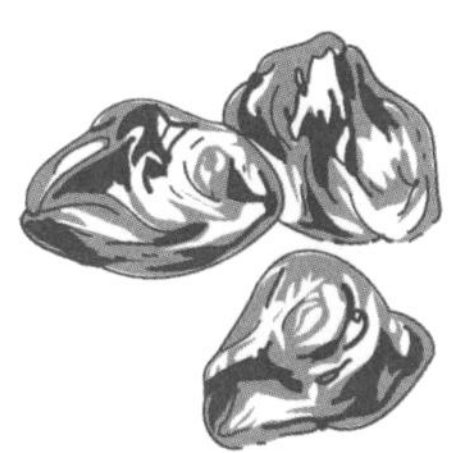

・**セミドライフルーツ**

適度なやわらかさと水分があり、パンがふっくら仕上がります。ドライフィグ、プルーン、チェリーなどがあります。

・**砂糖漬けミックスフルーツ**

リンゴ、レーズン、オレンジピール、レモンピール、チェリー、アプリコットなどをミックスして砂糖漬けにしたものです。多くの場合、洋酒を香りづけに加えます。オレンジピールやレモンピールなど単品で作られたものもあります。

Bench Time
Bread Column

クリスマスのパン

ヨーロッパのクリスマスに主に作られる伝統的なパンには、ドライフルーツがふんだんに使われます。クグロフはクーゲルホフとも呼ばれ、中央に穴のある型に入れて焼かれるイースト菓子です。マリーアントワネットの好物だったことでも有名なフランス・アルザス地方のパンで、ブリオッシュ生地にレーズンやオレンジピールなどを練り込み、外側にアーモンドスライスを貼りつけて作られます。
アルザス地方ではクリスマスだけでなく、日曜日の朝食にもよく出されます。

シュトーレンはドイツ、パネトーネはイタリアの代表的なクリスマスのパンです。シュトーレンはカレンズとオレンジピール、レモンピールなどを多く使い、パネトーネにはレーズンを中心としたミックスフルーツが使われています。

シュトーレン

あん、クリーム

【あん】

あんをパン生地で包んでおへそをつけたあんパンは日本で生まれた常に人気の高いパンです。今では韓国でもポピュラーで、パリでも「アンパン」という名前で売られています。あんは和菓子の代表的な材料ですが、いろいろな種類のあんがパンにも使われています。

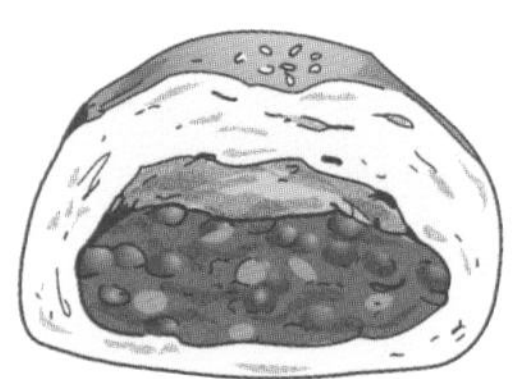

・**つぶあん**
原材料：小豆

・**こしあん**
原材料：小豆

・**白あん**
原材料：白いんげん豆

・**うぐいすあん**
原材料：えんどう豆

・**かぼちゃあん**
原材料：白あん ＋ ゆでかぼちゃ

・**梅あん**
原材料：白あん ＋「梅肉」

・**桜あん**
原材料：白あん ＋「桜の塩漬け」

【クリーム】

クリームパンもまた日本で生まれたパンです。子どものグローブのようなかわいい形が特徴で、中にカスタードクリームが入っています。

・**カスタードクリーム**
砂糖、卵黄、小麦粉に牛乳を加え、煮て作るクリームです。基本のカスタードクリームにチョコレート、抹茶などを加えて変化をつけることもできます。

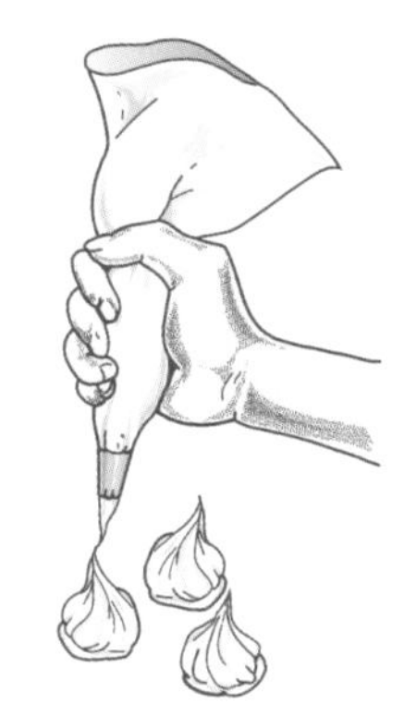

・**ホイップクリーム**
一般的に、生クリームに砂糖を加えて泡立てたクリームです。熱で溶けてしまうので、パン焼成後、冷めてからトッピングなどに使います。

チョコレート

チョコレートはカカオの種子を発酵、焙煎したカカオマスを主原料とし、カカオバター、砂糖、乳製品を加えて作ったものです。非常に栄養価が高く、カロリーも高いので手軽にエネルギーを補給することができます。また、チョコレートに含まれるポリフェノールは活性酸素を抑える働きがあり、テオブロミンはリラックス効果を促し、疲労回復に有効であるといわれています。

チョコレートの形状はブロック、板、タブレット、チップ、パウダーなどがあり、用途に合わせて使い分けます。日本で生まれたチョココロネに入っているチョコレートクリームは、カスタードクリームを煮上げた後、チョコレートを加えて溶かし混ぜたチョコカスタードです。きれいに溶けるようにブロックを刻んでおくか、タブレットを使います。

ココアパウダーは、粉に直接加えて生地を作ることができます。パン生地にチョコレートの色と香りをつけて、白い生地とのコントラストを楽しんだり、チョココロネのアレンジにも使えます。抹茶パウダーも同様に使うことができます。

チーズ（英）／フロマージュ（仏）／フォルマッジョ（伊）／ケーゼ（独）

原料乳を酸によって分離凝固させ、さらに発酵熟成させたものをナチュラルチーズといい、ナチュラルチーズをさらに加熱加工したものをプロセスチーズといいます。

チーズは少量で多くの栄養を摂取できる乳製品です。これは生産工程でわかるとおり、水分が少なく成分が凝縮されているからです。味が濃く、香りも強いのでパンとよく合います。

【ピザ】

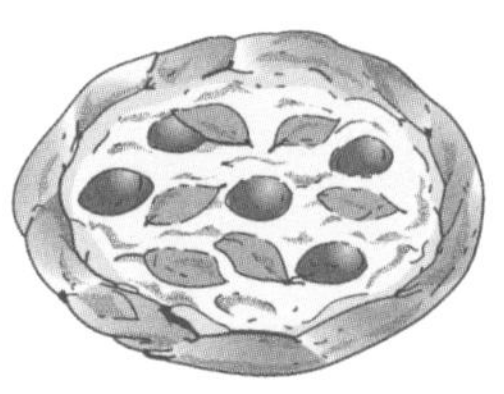

パン生地を平らに伸ばしてナチュラルチーズをのせて焼くイタリアの代表的なメニューです。
ナポリの伝統的なピザ、ピザマルゲリータは当時のマルゲリータ王妃を迎えるためにイタリア国旗の３色を、赤（トマト）・白（チーズ）・緑（バジル）で表したシンプルなピザ。チーズの味がよくわかるメニューでモッツァレラチーズがよく合います。

【サンドイッチ】

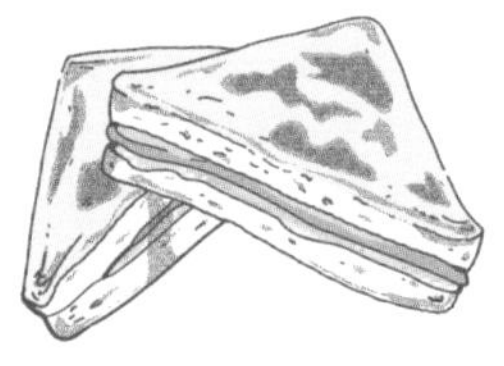

パンの食べ方の中でも、ボリューム・栄養がアップする食事メニューです。このサンドイッチのフィリングとしてもチーズは大活躍します。
チーズを使ったサンドイッチの定番メニューをいくつか紹介しましょう。

・**クロックムッシュ**
使用するパン：食パン、イギリスパン
２枚のパンの間にホワイトソースを塗り、ハムをはさんでナチュラルチーズ（グリュイエールチーズなど）をトッピングします。その上にブラックペッパーをふり、チーズが溶けて少し焼き色がつくまで焼いたもの。フランスのカフェでは定番のメニュー。

・パニーニ

使用するパン：フォカッチャなど

パンを２枚にスライスして、フレッシュモッツァレラチーズ、トマト、グリーンリーフをはさみ、オリーブ油、塩、バジルペーストなどを内側に塗って、専用のグリル（パニーニグリラー）で焼いたもの。日本でも人気のイタリアのサンドイッチ。

・スモークサーモンベーグル

使用するパン：ベーグル、ブルーベリーベーグルなど

ベーグルを２枚にスライスし、クリームチーズをたっぷり塗ります。その上にスモークサーモンとオニオンスライスなどをのせてはさんだもの。ニューヨーカーが大好きなサンドイッチ。

・チーズバーガー

使用するパン：バンズ

パンは２枚にスライスしてこんがり焼きます。下になるほうのパンにマヨネーズかバターを塗り、レタス、トマト、オニオンスライスをのせます。その上に焼いたビーフパティにチーズ（チェダーチーズ）をのせて焼き、チーズがとろけたらソースをかけ、上になるパンではさんででき上がり。アメリカの代表的なサンドイッチです。フライドポテト、オニオンリングフライ、ピクルスなどを添えて出されます。

・サンドイッチに合うパン

そのほかのいろいろなサンドイッチに合うパンとして、バゲット、パン・ド・カンパーニュ、ロールパン、ライ麦パン、ブリオッシュ・ナンテール、カイザーゼンメル、イングリッシュ・マフィン、ピタパン、クロワッサンなどがあります。

ナッツ

成分のすぐれた脂質を多く含むナッツ類には次のようなものがあります。

・**クルミ（日）**／
ウォールナッツ（英）／ノワ（仏）／ヴァルヌス（独）
クルミはパンに合う最もポピュラーなナッツです。クルミの生産はアメリカのカリフォルニアが多く、その大部分はセントラルヴァレーで栽培されています。
クルミは殻が非常にかたいので、むき身の状態で売られています。大きさはハーフ・カット、ミールなどがあり、パンにはローストしてから加えると香ばしい風味が生かされます。白い生地よりはライ麦パンや胚芽入りなどのハード系によく合い人気があります。また、フィグノア、クルミカマンベールなどのように他のフィリングと合わせて使うこともあります。

クルミは栄養価の高い食品としても注目されています。成分の 65%が脂質ですがリノレン酸を多く含んでいます。

リノレン酸は、オメガ３脂肪酸と呼ばれる不飽和脂肪酸の一種です。また細胞膜の構成要素のひとつであり、体の調整物質のひとつでもあります。動脈硬化を防ぎ、コレステロールを正常に近づけ、生活習慣病の予防に効果があります。

・**アーモンド（英）**／アマンド（仏）／マンデル（独）
主産地は地中海沿岸、アメリカなど
スイートとビターがあります。

・**ヘーゼルナッツ（英）**／
ノワゼット（仏）／ハーゼルヌス（独）／ハシバミ（日）
主産地はアメリカ、トルコ、イタリア、スペイン

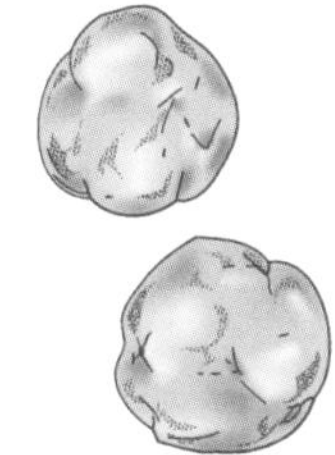

・**ピーカンナッツ（英）**／
ノワ・ド・バカーヌ（仏）／ペーカンヌス（独）
主産地はアメリカ北部
クルミ科の落葉樹

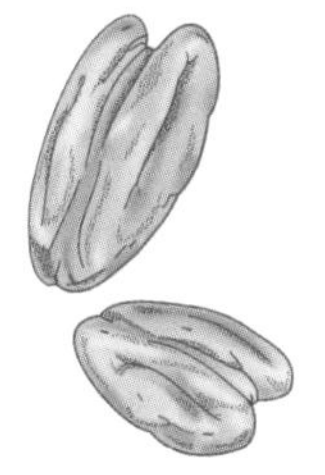

・**マロン（仏）**／
チェスナッツ（英）／カスターニエ（独）／クリ（日）
ブナ科で主産地は北半球の温暖な地域
ほかのナッツと異なり、成分の半分近くをでんぷんが占めています。

・**ピスタチオ（英）**／ピスタシュ（仏）／ピスターツェ（独）
クルミ科で主産地はトルコ、イラン、アメリカ、イタリア。

・**シード類**
松の実、パンプキンシード、サンフラワーシードなど

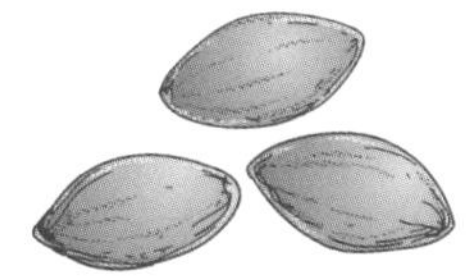

フィリング・トッピングの方法

P100 ～ 109 でパンに合うフィリング・トッピングを紹介しましたが、パン生地と組み合わせるにはいくつかの方法があります。

【フィリング】

- 練り込み

例：レーズンパン、クルミパン

生地づくりの時に、フィリングを入れ込みます。

生地づくりの工程で油脂を入れ、さらにこねて完全に生地ができ上がった段階で、それぞれの下準備をすませたフィリングを投入します。油脂入れの時と同じ要領で、グルテン膜のつながりを切るように入れ込みましょう。均一にフィリングが入ったら、表面に膜が張るように全体を丸くまとめて下をとじ、発酵に入れます。

- 巻き込み

例：シナモンレーズンロール

成形の時、フィリングを使います。

生地を平らに伸ばし、シナモンシュガーをふりレーズンをのせます。生地とフィリングを一緒に巻き込んで筒型にして等分に切り、切り口を上にしてアルミケースに入れ、仕上げ発酵に入れます。

- 包み込み

例：あんパン

生地を平らにし、あんを包んでよくとじます。とじ目を下にして軽く押さえ、平らにして仕上げ発酵に入れます。

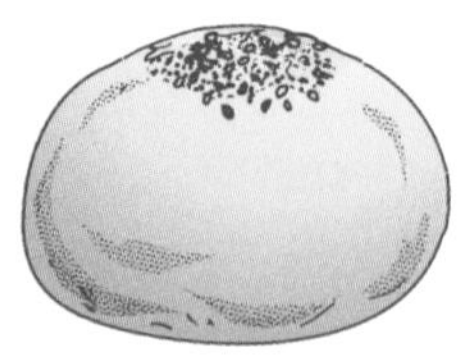

【トッピング】

・**かぶせるトッピング**

例：メロンパン、タイガーブレッド

メロンパンはクッキー生地をうすく伸ばして、成形時にパン生地にかぶせます。タイガーブレッドは焼成前に、上新粉をペースト状にした生地を塗ります。

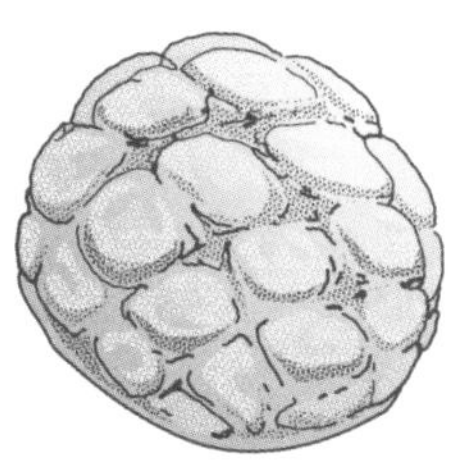

・**のせる、詰めるトッピング**

例：マヨネーズロール、フルーツデニッシュ、シチューパン

焼成前にのせます。マヨネーズロールはロールパンに切り込み（クープ）を入れてマヨネーズを絞り入れます。
フルーツデニッシュは、カスタードクリームとシロップ煮のフルーツをのせます。さらにストロイゼルをのせることもあります。シチューパンは、トリーノ型などで成形したケース状の生地の中にクリームシチューなどを詰めます。

Bench Time
Bread Column

ストロイゼルとは、そぼろ状クッキー生地のこと。ボウルによく冷えたバターの角切りとグラニュー糖、小麦粉を入れてカード※でバターを切り込みながら材料全体を混ぜ合わせ、ポロポロしたフレーク状の生地を作ります。
ストロイゼルをトッピングして焼くと表面にサクサク感が出て、ふんわりしたクラムとのコントラストが楽しめます。アップルブレッドにもよく使われます。

※カード：生地を切ったり流したり、平らにするための道具。ドレッジともいう

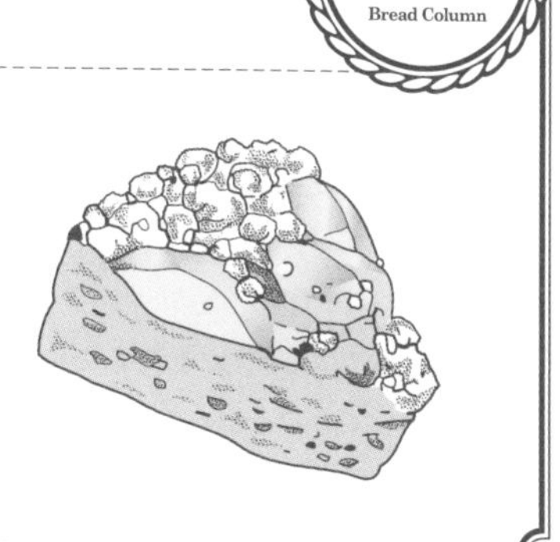

2 仕上げ材料

仕上げの材料は焼成後使用して、パンメニューをさらに美しく豪華にし、風味もアップさせます。

アイシング（英）／グラズール（独）／グラス（仏）

アイシングは「砂糖の衣」という意味です。砂糖に水分を加えて作ります。水分量によってかたさの調節が自由にできるので、パンだけでなく、クッキーや焼き菓子などにいろいろな変化をつけて広く使われています。アイシングの水分は水のほか、牛乳、卵白、洋酒などがあり、抹茶やコーヒー、食用色素などを加えることでカラフルに仕上げることもできます。

<例>

・**フルーツデニッシュ**
焼成後、アプリコティ（次ページ）をして、その上からかためのアイシングを線書きします。

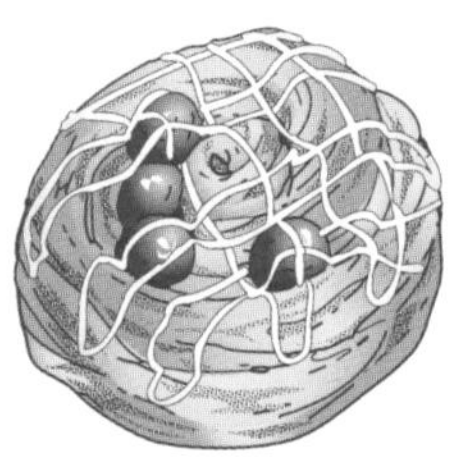

・**ドーナツ**
ドーナツを揚げた後、ゆるいアイシングでコーティングします。さらにアーモンドダイス、ココナッツなどをトッピングしたり、カラフルなかためのアイシングで線書きすることもあります。

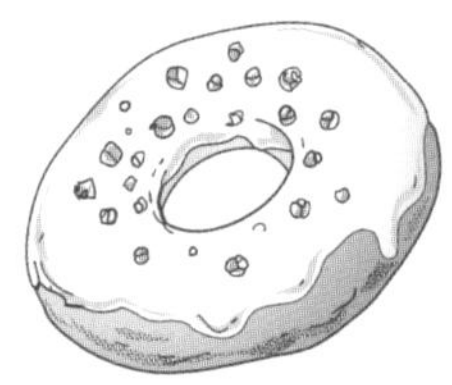

・**クグロフ**
焼き上がりにゆるめのアイシングを塗り、高温で１～２分加熱します。砂糖が沸騰した後に、固まってシャリシャリになります。パンがかたくなるのを防ぐ役目もあります。

アプリコティ

菓子パンの仕上げに、アプリコットジャムを少しゆるめたものを塗ることをアプリコティといいます。ジャムは果肉の入っていないものを使います。
デニッシュ生地、ブリオッシュ生地などのパンにアイシングする前に使われ、全体のツヤが増し、パンがかたくなるのを防ぎます。フルーツデニッシュは、フルーツの上にも塗ります。

ナパージュ

アプリコット、リンゴなどを原料に砂糖、ペクチン、クエン酸を加えて作られている仕上げ専用の材料です。水に溶けやすく、コーティング後も固まりやすく、冷凍に向いているので、ケーキづくりには幅広く使われています。イーストの焼き菓子や、菓子パンもおいしく仕上がります。

コーティングチョコ

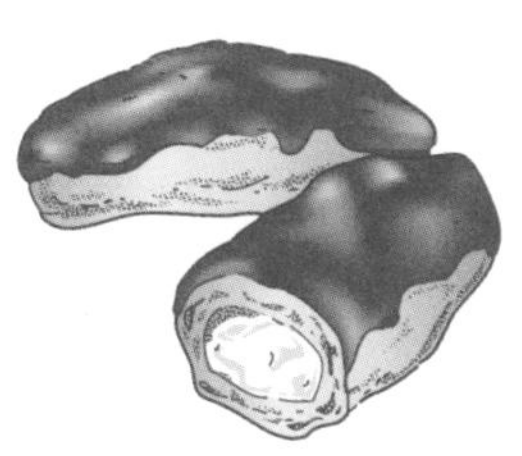

コーティングチョコは本来、温度調整のむずかしいチョコレートを仕上げ専用に扱いやすく作った材料です。ドーナツをはじめいろいろな菓子パンに使われ、変化を与えてくれます。コーティングチョコが乾かないうちにカットしたナッツ類をトッピングしたり、乾いた後にアイシングで線書きするとさらにアレンジが広がります。

コーティングしたアイシングやコーティングチョコを乾かす時は、流れた材料がパンのふちに固まらないように網にのせておきましょう。

3 スプレッド他

ジャムなどのスプレッド類は焼成後や、食べる前に塗るとパンをよりリッチにしてくれます。

ジャム（英）／コンフィチュール（仏）／コンフィテューレ（独）

果物などの果肉、果皮、果汁に砂糖やハチミツを加えて加熱濃縮したものです。容器を煮沸することによって、家庭でも保存性の高いジャムを作ることができます。加熱中に果物に含まれるペクチンに糖類、酸が作用してとろみが出るとゼリー状のジャムが出き上がります。製品としては、よりゼリー質を出すためにペクチン、クエン酸を添加する場合があります。

【ジャムの種類】

ジャムのタイプには次のようなものがあります。

・**プレザーブ**
　果肉が入っているもの

・**ジェリー**
　果肉を含まないもの

・**ママレード**
　柑橘類の果皮を使っているもの

使われる果物は、イチゴ、リンゴ、ブルーベリー、アプリコット、オレンジ、レモン、ラズベリー、ブドウ、マンゴーなど。ルバーブ、トマト、ニンジンなど野菜のジャムもあります。

ジャムはパンに塗るスプレッドの代表的なものです。好みに合わせていろいろな食パンに塗ったり、はさんだりします。シンプルな食パンはもちろん、全粒粉のカンパーニュ、フランスパン、イングリッシュ・マフィン、クルミパンなどによく合うでしょう。
また、ジャムだけでなくバターやクリームチーズを一緒に塗ったアレンジは、ぜいたくな味わいになり、栄養価もアップします。

アレンジスプレッド

ジャムのほかにも市販されているパンに合うスプレッドはいろいろあります。
オリーブペースト、野菜ディップ、レバーペースト、バジルペーストなど。多くはオリーブ油やマヨネーズなどがベースになっています。

家庭でフードプロセッサーがあると簡単に材料をペースト状にしてスプレッドを作ることができます。一例を紹介します。

・ **ハムのスプレッド**
ハム、玉ねぎ、パセリ、マヨネーズ、ブラックペッパー

・ **サーモンとアボカドのスプレッド**
アボカド、レモン汁、サーモン、マヨネーズ、ゆずこしょう、塩

・ **オレンジクリーム**
クリームチーズ、オレンジピール、生クリーム

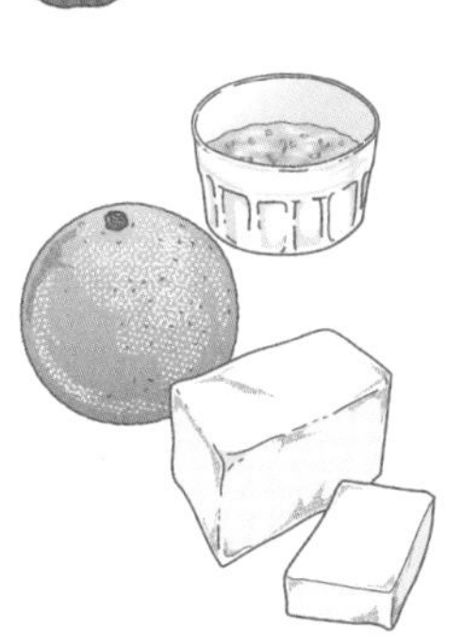

このほかに、定番の各種バター、スプレッドチーズなどもあり、スプレッドの種類は無限ともいえます。また、材料、配合を工夫してオリジナルスプレッドを作ってみるのもよいでしょう。パンやクラッカーに塗ったり、野菜につけて食べたりと楽しみ方はいろいろです。

第 4 章　練習問題

問 1

イチゴは英語でストロベリー（Strawberry）だが、ドイツ語だと次のどれか。

1. フレーズ
2. リンゴンベリー
3. エルトベーレ
4. ハイデルベーレ

問 2

次のうち、バンズを2枚にスライスして作るメニューはどれか。

1. クロックムッシュ
2. ピザマルゲリータ
3. タコス
4. チーズバーガー

問 3

カリフォルニアレーズンの特徴で違っているのはどれか。

1. 黒褐色である
2. 品種はトンプソン種である
3. 黄金色である
4. 天日干しで作られる

問 4

クルミの成分中、脂質はどの程度含まれるか。

1. 35%
2. 45%
3. 55%
4. 65%

問 5 **焼成前に上新粉をペースト状にした生地を塗って焼くパンはどれか。**

1. メロンパン
2. アップルストロイゼル
3. タイガーブレッド
4. シナモンレーズンロール

問 6 **砂糖に水、卵白などを加えて作る仕上げの方法はどれか。**

1. グラシング
2. アイシング
3. ナパージュ
4. ドレスアップ

問 7 **白あんの原材料は次のどれか。**

1. 白いんげん豆
2. 小豆
3. 大豆
4. えんどう豆

問 8 **ジャムの種類のうち果肉の入らないジャムを指すのはどれか。**

1. ママレード
2. ジェリー
3. プレザーブ
4. コンフィチュール

第 4 章　解答解説

フレーズはフランス語でイチゴ、2はフィンランドなどに多く自生する野生種のコケモモ、4はドイツ語でブルーベリーのことである。(詳細→ P102)

バンズ (buns) は英語でシンプルな小型パンを意味するバン (bun) の複数形。代表的なものにハンバーガーバンズ、ホットドッグバンズがある。(詳細→ P107)

カリフォルニアレーズンは黒褐色で、黄金色になるのはゴールデンレーズンである。カリフォルニアレーズンの生産地サン・ホアキン・ヴァレーは雨の少ない乾燥地帯であることと、夏季の昼夜の気温差が大きいことが天日干しに向いている。(詳細→ P101)

クルミは成分の約 65%が脂質でほかのナッツの 10 倍のリノレン酸を含んでいる。また、良質のタンパク質、ビタミンB、ビタミンE、ミネラル、食物繊維も多く含む。(詳細→ P108)

上新粉のペースト生地は焼くとトラの模様のようになるので「タイガーブレッド」と呼ばれる。「ダッチブレッド」とも呼ばれるオランダのパンである。(詳細→ P111)

アイシングは菓子、ケーキづくりにも使われ、パンではフルーツデニッシュ、ドーナツ、クグロフなどの仕上げによく使われる。(詳細→ P112)

手亡(てぼう)豆、大福豆も白いんげん豆の種類。えんどう豆はうぐいすあんの原料でグリンピースと同じ種類。グリンピースは未熟なものを食用にするものを指す。(詳細→ P104)

ママレードはオレンジなどの柑橘類の果皮を使ったもの。プレザーブは果肉の入っているもの。コンフィチュールはフランス語でジャムの意味。アメリカの子どものランチの定番「ピーナツバター&ジェリーサンド」はパンに甘くないピーナツバターとジャムをたっぷりはさんだもの。(詳細→ P114)

第5章 パンづくりの工程 2級編

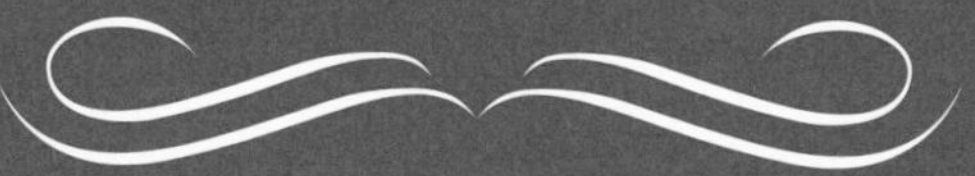

この章では、私たちの身近で代表的なパン、
そしてそれぞれ工程の異なる4種類のパンの作り方を学んでいきます。
パンは材料や環境などちょっとした違いで
異なるものができ上がります。
ここで紹介するのは作り方の一例です。
この内容を参考にしながら皆さんの工夫で
さらにおいしい自分らしいパンづくりに挑戦してみましょう。

生地づくりの前に

【イーストの取り扱い】本書では、イーストはドライイースト、またはインスタントドライイーストを使用したレシピです。最近のドライイーストは、市販されているもののほとんどに予備発酵不要と記されていますので、それぞれの説明に従って使ってください。予備発酵不要のものを予備発酵しても差し支えありませんが、その場合は5分以内に泡がプクプクしてくると考えられますので、その時点で材料を投入しましょう。置き過ぎは禁物です。
【仕込水について】本書のレシピの配合において仕込水の量は、生地全体に対する分量なので、予備発酵にぬるま湯を使用した場合はその分、水を減らして計算してください。

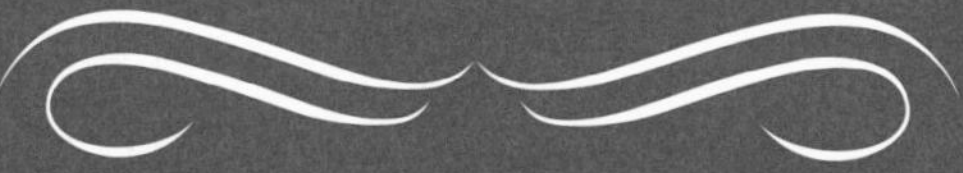

1 工程前の予備知識

パンの種類がたくさんあるように、それに合わせて型もさまざまです。食パンやマフィン、コロネなどは専用の焼き型が必要。型を使ってパンを焼き上げることでバリエーションも豊かになります。

パンづくりに使われるいろいろな型

パンにはイギリスパンのように型を使って焼かれるものがたくさんあります。

【生地を入れて焼く型】

・**食パン型**
イギリスパン、プルマン、ワンローフなど、いろいろな食パンアレンジができます。
サイズは1斤、1.5斤、3斤が代表的です。
(詳細→P125)

・**ブリオッシュ型**
ブリオッシュ・ア・テートを作る型。
材質はブリキ。200℃で20分1回の空焼きが必要です。
(詳細→P133)

・**ムスリーヌ型**
同じくブリオッシュ生地に使われます。円筒形の型。
(詳細→P133)

・**イングリッシュ・マフィン型**

1個ずつ天板にのせるセルクル型と、一度に複数の生地が入れられるプレート型があります。セルクルとは底のない枠状の型のこと。焼成時に型の上に天板をのせて、上下とも平らに焼けるようにします。

・**サバラン型**

リング形のサバランを作ります。底が焼き上がりの表面になります。焼き上がったサラバンの中央のくぼみにフルーツやクリームを飾るなどします。アルミ製のものがあり、その場合は3回の空焼きが必要です。

・**トリーノ型**

材質はシリコンで耐熱230℃。ふちが星形で深さもあるので調理パン、菓子パン、ブリオッシュ生地用などいろいろなバラエティーパンに使えます。パン屋さんでもよく見かけます。

・**ペーパーカップ**

代表的なものには、アメリカンマフィン用のマフィンカップ、パネトーネ用のパネカップがあります。一般的なものでは、高さ、直径ともサイズが豊富で色・柄などもそろっています。アイデア、工夫次第で商品価値がアップするでしょう。プレゼントにも適しています。

・**アルミカップ**

10号サイズが便利。マヨネーズロール、ハムチーズロールなど油がまわりに出てくるパンでもきれいに仕上がります。蒸しパンのカップにも向いています。油脂を塗らなくてもパンからきれいにはがれます。

そのほかにパウンド型、デコ型、レーリュッケン型、トヨ型、ポプラ製焼き型などがあり、パンとケーキ両方に使えます。

【その他】

・**コロネ型**

長さ約13㎝。外側に生地を巻きつけて使います。焼き上がって型を抜くと内側が円すい形になっています。そこにチョコレートクリームを詰めたものがチョココロネです。材質はブリキ。200℃で20分1回の空焼きが必要です。

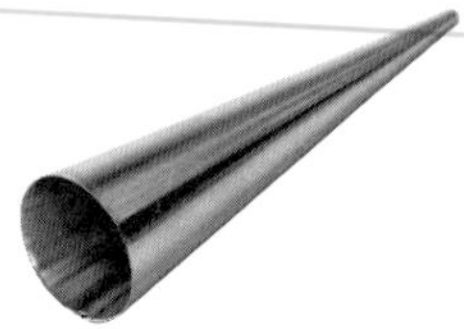

【抜き型】

・**ドーナツ抜き型（リングドーナツ用）**

リングドーナツを抜いた時に中央にできた小さい丸い生地はプチドーナツになります。

・**スコーン抜き型**

直径5㎝くらいのセルクルです。イングリッシュマフィンのように中に生地を入れて焼くこともできます。

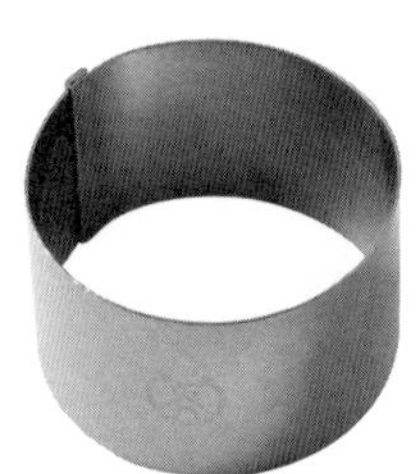

【押し型】

・**カイザーゼンメル押し型**

ドイツのパン、カイザーゼンメルの模様をつける型です。成形の時に使います。

2 イギリスパン

型にふたをせず、直接火をあてて焼くイギリスパンはパリっとしたクラストが特徴のシンプルなパン。イギリス発祥のサンドイッチにも使用されています。

イギリスパン

日本で食べられているパンの約４～５割が食パンです。食パンの配合はパンの主材料である小麦・酵母・水・塩に多くの場合、砂糖と油脂を加えたシンプルなものですが、そのほかに小麦胚芽・牛乳・卵・バター・レーズンなどさまざまな副材料を使用したものがあり、種類はバラエティーに富んでいます。

形は主に山形食パンと角食パンの２つがあり、山形食パンはイギリスパンと呼ばれています。イギリスパンという名前の由来は、明治初期に日本に入ってきたフランスパンと食パンを区別するために呼んだとも、イギリス人のかぶっていた山高帽を見て形が似ているところからつけたともいわれています。
現在イギリスではあまり大型のイギリスパンは焼かないという話もありますが、ここでは日本人が好むフワフワのクラムでボリュームたっぷりの生地量のイギリスパンを作ります。

イギリスパンの配合

材料（食パン型 1.5 斤 1 本分）

強力粉	350g
砂糖	17.5g
塩	6g
ドライイースト	7g
水（仕込水）	227.5g
ショートニング	17.5g

【前準備】

・ 仕込水温はリーンな生地の季節ごとの温度を目安に調整します。

・ ドライイーストの予備発酵が必要な場合は行います。生イーストを使う場合は、ドライイーストの 2 ～ 3 倍量を仕込水に溶かして使用します。この場合の仕込水温は 30 ～ 45℃にするとイーストが早く活性します。

【道具】

・ **食パン型**　1.5 斤
成形の時に内側にうすくショートニングを塗って生地を入れます。

・ **ガス抜きめん棒**
成形時、生地を伸ばすために使います。サイズが 2 種類あるので長さが 35㎝の大きいほうを使います。

【食パン型について】

食パン型の材質はアルミ、スチール、ステンレス、耐熱ガラスなどがありますが、アルミ製が最も適しています。水分が程よく飛び、よい焼き色、フレーバーが期待できます。大型パンは火通りがむずかしいので、型選びも重要です。

アルミ製の食パン型は使い始めに３回の空焼きが必要です。

❶水洗い後 200℃で 30 分

❷粗熱がとれたら再び 200℃で 30 分

❸再び粗熱がとれたら型の内側にショートニングをごくうすく塗りこんでさらに 200℃で 30 分

200℃を超えないようにします。
食パン型には大体プルマン用のふたがついているので、一緒に空焼きしましょう。

第5章 パンづくりの工程2級編

斤の重さはどのくらい？

山形食パンが明治初期に日本で製造され始めたころ、その焼き型にはアメリカやイギリスからのものが使用されていました。これで作った食パンの重さは約１ポンド（英斤＝听：約 450g）あり、この听が従来の尺貫法単位の斤（約 600g）と混同されたようです。
現在の食パンの重量の定義については、１斤という数え方が一般的なこともあり、包装食パンの表示に関する公正競争規約により、１斤は 340g 以上が基準とされています。
通常使われる型は、できるパンの重量により１斤、1.5 斤、３斤などがありますがサイズには決まりはありません。また、市販されているメーカーの食パンは１斤のものが多いようです。

「包装食パンの表示に関する公正競争規約施行規則」（社）全国公正取引協議会連合会、「パンの明治百年史」パンの明治百年史刊行会より

イギリスパンの生地づくり

①大きめのボウルに、粉、砂糖、イースト、塩を入れます。イーストと塩ははなれた場所に入れ、イーストにたくさん水があたるように仕込水を一度に加えます。

②手、またはこね杓子で手早く水分をいきわたらせ、粉けがなくなったら手でひとまとめにしていきます。

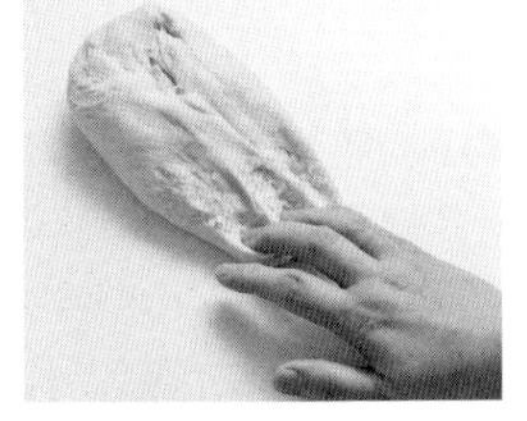

③台の上に出してこねたりたたいたりします。生地に弾力が出るまで力強くたたきましょう。途中生地がベタついたらカード（ドレッジ）を使って一度まとめ直すとよいでしょう。

④次第に生地はまとまって台につかなくなり、なめらかになります。グルテンがある程度できてくると油脂を入れる頃合いになります。

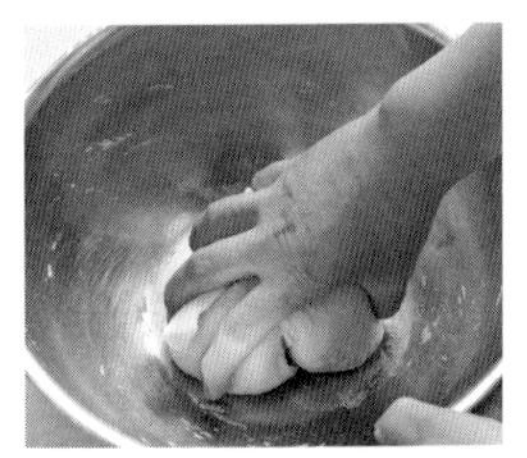

⑤生地に油脂（ショートニング）を加え、生地で包み込むようにします。

⑥5 本の指で生地を切るようにもみ込んで、しっかりショートニングを生地に入れ込んでいきます。

⑦再びこねたりたたいたりをくり返し、さらになめらかで、うすいグルテン膜の生地に仕上げます。

⑧きれいに丸めてとじ、一次発酵に入れます。

こね上げ生地温 28 ～ 30℃

イギリスパンの発酵

一次発酵　**30℃　75%**
30 ～ 40 分
（湯せん発酵）

↓

パンチ（ガス抜き）

↓

二次発酵　**30℃　75%**
30 ～ 40 分
生地は２～３倍に膨らみます。

↓

分割　スケッパーで２分割にします。
・はかりを使って正確に分割します。
・分量を調節した生地を合わせる時は切り口と切り口をつけるようにします。

↓

丸め　生地が大きく片手では丸められないので、両手で切り口を中心に向かって折りたたんでいくように丸くまとめます。最後によくとじます。

↓

ベンチタイム　**25 分**
キャンバスの中で休ませます。ぬれ布巾も忘れずにかけましょう。
生地が大きいので長めにベンチタイムをとります。適度な生地のゆるみを確認して成形に進みます。

イギリスパンの成形（型）

キャンバスの上で作業します。

①ベンチタイムが完了したらとじ目を上にして置きます。

②めん棒を中央に置き上下にかけていきます。めん棒は一方方向にかけましょう。
こうすることで気泡の向きがそろって焼成後によいすだちとなります。

③長さ30㎝くらいの楕円形に伸ばし、まわりのガスを抜きます。

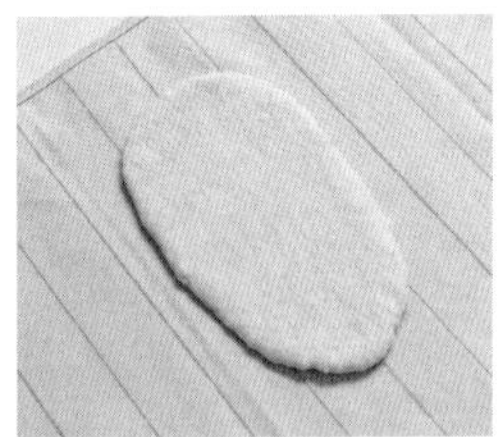

④写真のように左右から折って三つ折りにします。幅が7～8㎝になるようにします。中心は左右の生地が少し重なっています。

⑤手前から巻き込み、巻き終わりはきちんととじます。

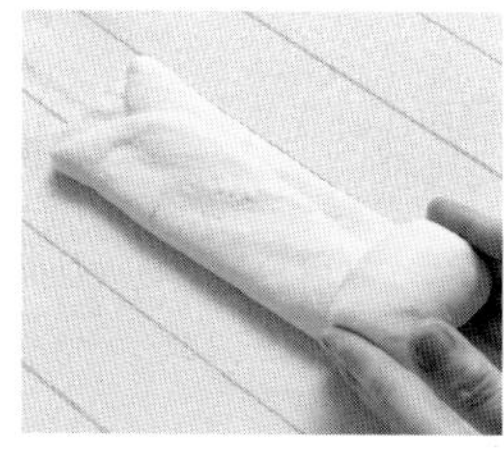

⑥写真のように2個食パン型に入れます（生地と生地の間は3cm程度）。
巻き終わりの向きがどちらも外を向くようにしましょう。釜伸びの形とボリュームがきれいに出ます。

→最終発酵に入れます。

イギリスパンの最終発酵

最終発酵　–　ホイロ　40℃　85%　30 ～ 40 分

【発酵の目安について】

最終発酵終了を見極めることは微妙でむずかしいといえますが、一般的には次のような目安があります。

❶生地が適度にゆるみ、気泡が大きくなると表面に透明度が増してくる。

❷生地の大きさが 3 倍以上になっている。

❸イギリスパンのように生地を型に入れて発酵させるパンは、型の中でどれくらいの大きさになったかということを目安にする。

【発酵時間】

30 ～ 40 分たち、膨らんだ山が型より高さ 1.5㎝くらい出てくれば、それまでの工程がうまく進んできた生地といえるでしょう。

〈発酵の目安〉 型の上 1.5㎝

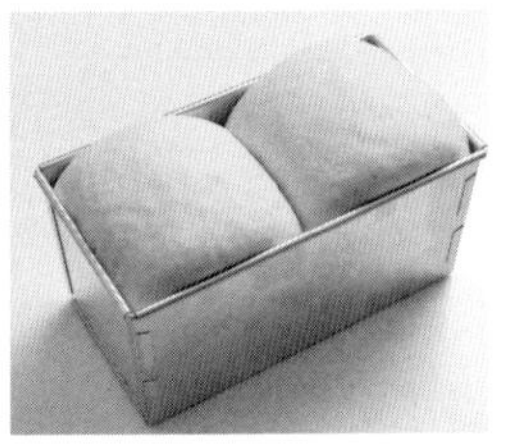

いよいよ焼成です。オーブンはしっかり予熱しておきます。

イギリスパンの焼成

【焼成】

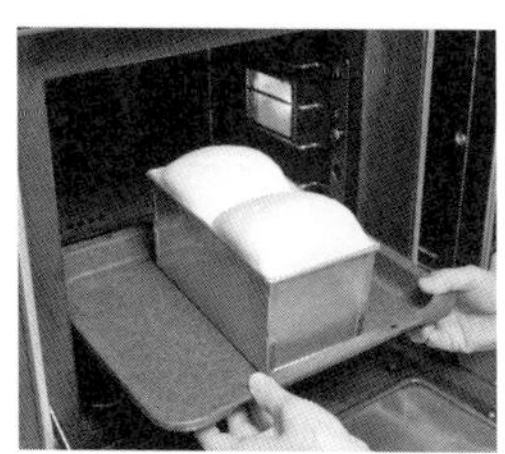

イギリスパンはシンプルでリーンなパンなので、卵は塗りません。そのまま予熱したオーブンに入れましょう。

焼成温度／時間　200℃　30 ～ 35 分

家庭用のオーブンで特に電気オーブンの場合、大型パンの焼成はむずかしいといえます。使用するオーブンのくせを知り、最高の焼成にもっていくことが大切です。焼き色がうすくなることが多く、その場合の対策はいくつかありますので❶～❸をうまく組み合わせて焼成してみましょう。

❶高めの温度で十分予熱を行い、イギリスパンを入れたら200℃に戻して焼成する。

❷❶でもまだ白っぽい時は、焼成温度を少し高めに設定して焼成する。

❸上面はしっかり焼けるのに、型に入っている部分の色がつかない場合は、上面の色がついてきたらアルミホイルをかぶせてこげないようにする。

※焼成時間は延長しても 40 分までとする。それ以上焼くとパンがかたくなってしまう。

【焼成後のショック】

焼き上がったイギリスパンは、型から出す前に 15㎝くらいの高さから軽く落としてショックを与えます。これによって製品中の高温の気体と外の空気が素早く入れ替わり、パンのすだちを整え、腰折れ（ケーブイン）を防ぐことができます。この方法はスポンジケーキを型から出す時にも有効です。

3 ブリオッシュ

バター風味と卵のコクがまるで焼き菓子のようなブリオッシュですが、そのまま食べるほか、スープなどの料理にもよく合います。

ブリオッシュ

卵・バターをたくさん使ったリッチなブリオッシュは、17世紀初めにフランス・ノルマンディー地方で生まれたといわれます。フランスの代表的なヴィエノワ生地のパンで、以来各地に広まり、独自の配合と形のパンへと変化していきました。アルザス地方のクグロフやプロヴァンス地方のブリオッシュ・デ・ロワなどがあります。またシチリアではブリオーシャと呼ばれ、グラニタ（グラニテ＝氷菓）と一緒に供します。

ここでは、最も代表的なブリオッシュ・ア・テートとムスリーヌを作ります。

- **ブリオッシュ・ア・テート**
  テートは仏語で頭の意味で、僧侶が座している姿を表すといわれています。ブリオッシュ型を使用します。

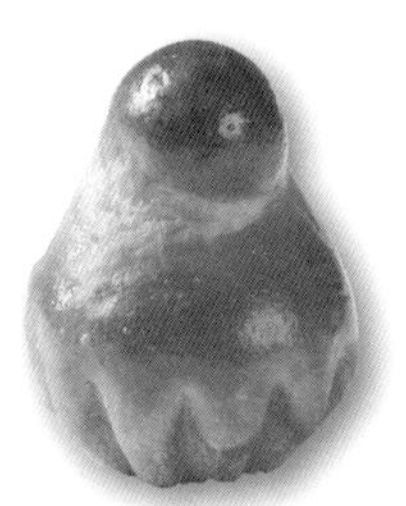

- **ムスリーヌ**
  仏語でうすぎぬの意味。型が円筒形なのでクラムがふんわりたてに伸び、やわらかく仕上がります。輪切りにしてサンドイッチにすることも多いようです。

ブリオッシュの配合

材料（ア・テート12個分　またはムスリーヌ3個分）

強力粉	270g	ドライイースト	6g
薄力粉	30g	全卵	90g
砂糖	30g	牛乳	120g
塩	4.5g	バター（無塩）	60g

【前準備】

- 全卵の分量が多いので卵白のこしを切るようによく混ぜておきます。
- 仕込水は牛乳と卵ですが、こね上がり生地温を低めにとりたいので、仕込水温は低めに調整します。
- バターは、やわらかくしておきます。
- 型はブリオッシュ型とムスリーヌ型を使います。ブリキ型が多く、この場合は使い始めに200℃で20分1回だけ空焼きしておきます。

ブリオッシュ型

ふちが花形で1個当たり40～45gの生地を入れる小型の型です。マドレーヌやバターケーキにも使えます。

ムスリーヌ型

同筒形で小さいバケツのような型で「缶」とも呼ばれます。150～200gの生地を入れる中型の型です。

ブリオッシュの生地づくり

①ボウルに粉、砂糖を入れ、よく混ぜます。

②イーストとはなれた場所に塩を置き、イーストにたくさん水分があたるように仕込水を加えます。仕込水は牛乳と全卵で非常にリッチでベトつきやすいので、牛乳を30g調整用に残して加えます。

③手、またはこね杓子で手早く水分をいきわたらせます。この時に生地の水和を見極めながら残しておいた調整用の牛乳を加えていきます。

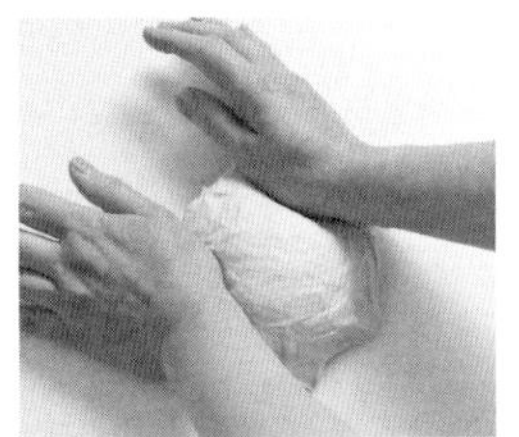

④手でこねたりたたいたりして生地をつなげていきます。卵が多いのでかなりべとつきますが、たたきがあまり強すぎると生地温が上がってしまいます。手の温度も加わるので気をつけましょう。次に入るバターの量も多いので、しっかりグルテンを作っておきます。

⑤生地に、やわらかくしたバターを包み込み、生地を切るように指を使ってバターを入れ込んでいきます。この時も生地やバターの温度が上がらないように、生地に入れる前にバターが溶けないよう注意しましょう。

⑥バターの固形が見えなくなり、てかりがなくなったら再びこねたりたたいたりして、なめらかでうすいグルテン膜の生地に仕上げます。この時、バターがきれいに入っている生地は非常に伸びがよく、ツヤはあるがテカテカしていない状態です。

⑦きれいに丸めてとじ、一次発酵に入れます。

こね上げ生地温　25～26℃

ブリオッシュの発酵

バター、卵の配合が多い生地は生地温を低めに抑え、発酵の条件も低温に抑え、時間をかけて熟成させることが大切です。温度が高いと香りがとび、パサついた仕上がりになってしまいます。

一次発酵　**26～27℃　75%　50～60分**
（湯せん発酵）

↓

パンチ（ガス抜き）

↓

二次発酵　**26～27℃　75%　50～60分**
生地が2～2.5倍になります。

↓

分割　スケッパーで、ア・テートは12分割、ムスリーヌは3分割します。
1回で両方作れるように計算することもできます。例えば、ア・テートを8個、ムスリーヌを1個作る場合はどう分割すればいいでしょう。

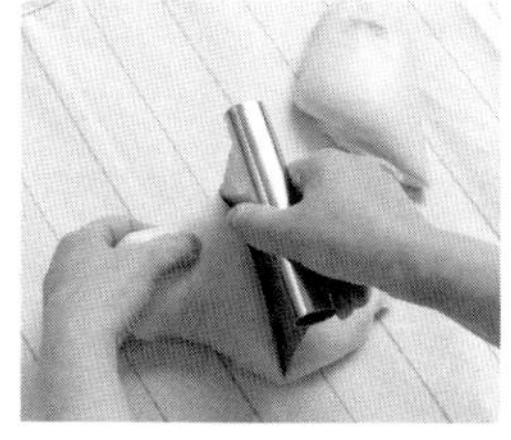

まず3分割してそのうち2個をさらに4分割します。

↓

丸め　ムスリーヌは両手で丸めます。

↓

ベンチタイム　**20分**

第5章　パンづくりの工程2級編

ブリオッシュの成形（型）

【成形（ア・テート）】

①ベンチタイムが完了した生地を、スケッパーで4分の1くらいの分量を切り分けます。

②スケッパーで分けた大小2つの生地を丸め直します。

③**油脂を塗っておいたブリオッシュ型**に、大きい生地をとじ目を下にして入れ、その上に小さい生地を中央に入れ込みます。

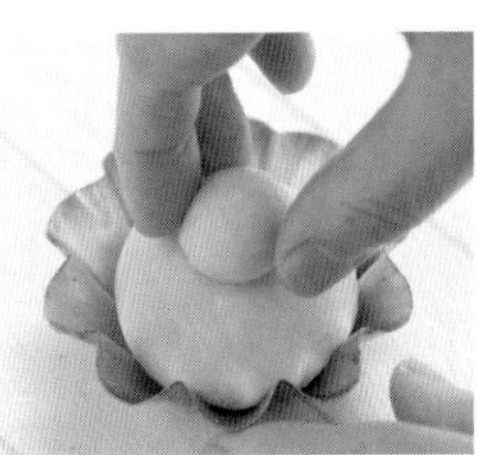

④大きい生地に小さい生地がやや埋まっているような感じに整えます。

〈発酵の目安〉　大きい生地が型いっぱいで少し盛り上がっている

【成形（ムスリーヌ）】

①丸め直してしっかりとじます。

②とじ目を下にして**油脂を塗っておいたムスリーヌ型**に入れます。

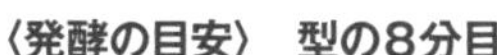

〈発酵の目安〉　型の8分目

ブリオッシュの最終発酵

一次発酵と同じく温度を低く抑えますが、生地の表面が乾かないように注意してじっくり発酵させます。

最終発酵－ホイロ　35～36℃　80%　25～30分

【発酵の目安について】

発酵の目安で最終発酵終了を見極めます。

・**ブリオッシュ・ア・テート**
　下の生地が型いっぱいで少し盛り上がるくらい

・**ムスリーヌ**
　型の８分目

ブリオッシュの焼成

【焼成】

最終発酵後、ツヤ出しのためにハケで溶き卵を塗ります。焼きムラが出ないようにうすくきれいに塗りましょう。
ムスリーヌははさみで十字に切り込みを入れます。切り込みを入れるのは、釜伸びと火通りをよくするためです。

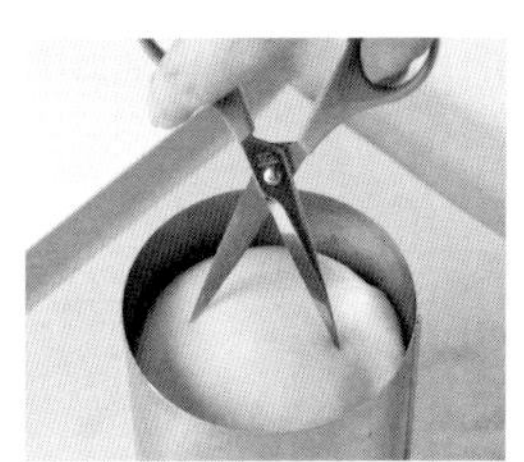

180℃に予熱したオーブンに入れます。
ア・テート：12 分
ムスリーヌ：18 ～ 20 分（焼成時間）

ブリオッシュは焼き色が濃いですが、表面に色がついてもクラムの火通りのことを考え、時間どおりに焼成するようにしましょう。色がつきすぎる場合は途中で温度を下げます。また、焼きムラを防ぐために、途中天板の前後をターンするのもよい方法です。

焼成後、ショックを与えて型から出します。

よりリッチなブリオッシュの配合について

本来フランスのブリオッシュ生地は、卵だけでこねてバターをたっぷり加えていくのが特徴ですが、生地づくりがむずかしいので、本書では半分を牛乳に替えた配合にしてあります。全卵は 30%を超えるとグルテンのつながりが悪くなりますが、卵白の水分をうまく水和させることが大切です。また、この時少量の牛乳を使って助けることによって、釜伸びのよいフワフワのブリオッシュが焼き上がります。

卵黄の量を増やすことによって、レシチンの乳化作用で保湿性が高く、老化の遅い製品に仕上がります。

次に、より本格的な配合を紹介しますので、リッチな生地づくりに慣れてきたらぜひ挑戦しましょう。

材料（ア・テート12 個分
またはムスリーヌ 3 個分）

強力粉	270g
薄力粉	30g
砂糖	30g
塩	4.5g
ドライイースト	6g
全卵	120g
卵黄	60g
バター（無塩）	90g
牛乳	40g

日本のパン屋さんの中にも、ブリオッシュを探求してやまないパン職人の方がたくさんいます。それぞれオリジナルの配合から独自の風味と食感を持った、見た目にも美しい魅力あふれるブリオッシュが生まれ、食べる人を魅了しています。

ブリオッシュの生地温について

前述のように、ブリオッシュの生地温は25～26℃と低めに抑えることによって、なめらかでしっとりとしたフワフワの生地に仕上がりますが、この条件を維持するためには、気候によって細心の注意が必要です。

【生地づくりの前準備を再確認しましょう】

・卵は冷蔵庫で冷やしたものを使います。
→仕込水は計量したらよく混ぜた後、温度を測り、その日の温度調整を行います。ブリオッシュの場合、春・秋は28℃、夏は10℃、冬は40℃が目安ですが、生地をこねる場所の室温・湿度をチェックして仕込水温を決めることが大切です。

・バターはやわらかくしますが、冷たさが残っていることがポイントです。バターの融点は28℃です。

・生地がこね上がったら必ず生地温を測り25～26℃であれば、準備がちょうどよかったということになります。仕込水温をあまり下げるとイーストの活性が遅くなります。真夏には粉や器具を冷やしておくのもよい方法でしょう。

・生地温に注意しながら仕込水温や発酵条件を決めることはブリオッシュ生地だけでなく、すべてのパンづくりに大切なことです。

パンづくりを楽しむために

家庭でパンを作る場合、工場のように年間を通じて環境を一定にしておくことは不可能なので、パン日記をつけることが有効です。年月日、メニュー名と室温・湿度、仕込水温、こね上げ生地温など、温度に関することを中心にメモしておきます。次にパンを作る時にレシピよりも役に立つことも多いだけでなく、パンに関することを何でもメモしておくと、パンシェルジュにとって貴重で楽しい宝物になるでしょう。

4 ナン

香ばしい香りが食欲を誘うナンは、カレーとの組み合わせで日本でもおなじみです。自家製の焼きたてナンを楽しみましょう。

ナン

ナンはペルシャ語でパンを意味し、広くペルシャ文化圏の影響を受けている地域では、パンの総称または、食事を象徴する言葉になっています。
よく日本のインド料理店で出される木の葉形のナンは、北インドやイランでよく見られます。たくさん穴のあるサンギャクやタフツーン、イランの朝食パンのバルバリ、うすくてやわらかいラヴァージュもナンの仲間です。

また、パキスタンやアフガニスタンもナン文化圏です。パキスタン・ペシャワール地方のウズベキナンは小型で丸く、厚みがあるかたいナンですが、噛むほどに味わいが出てきます。ウイグルのギルデナンは、真ん中に穴があいています。

本書では、日本でポピュラーになっているインドのリーフ形のナンを作ります。本来は壺形のタンドール釜の側面に貼り付けて焼きますが、ここではオーブンで焼く方法です。

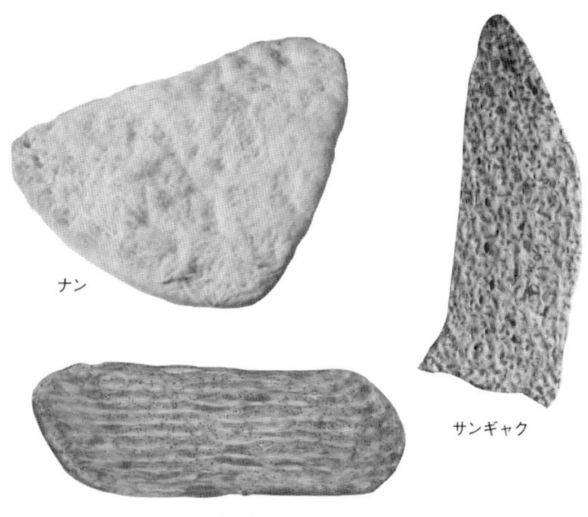

ナンの配合

材料（大５個または小10個分）	
強力粉	125g
薄力粉	125g
砂糖	5g
塩	3g
ドライイースト	5g
水	125g
全卵	12.5g
プレーンヨーグルト（無糖）	32.5g
サラダ油	15g

・ベーキングパウダーを使う配合もあります。
・サラダ油を加えない配合もありますが、加えると伸びがよくなります。
・ヨーグルトは無糖のプレーンタイプを使いますが、メーカーによって水分量が違うので、水の量を加減します。

【前準備】

・全卵はよく溶きほぐし、水・プレーンヨーグルトとよく混ぜておきます。

・仕込水温はリーンな生地の季節ごとの温度を目安に整えます。

ナンの生地づくり

①大きめのボウルを用意して粉、砂糖、イーストを入れます。塩をイーストからはなれた場所に入れます。

②仕込水を一度に加えます。この時、特にイーストに水分がしっかりかかるようにします。

③手、またはこね杓子で手早く合わせ、水分が均等にいきわたるようにまとめます。

④ボウルの中で、生地がまとまるまでこね杓子で混ぜていきます。

⑤生地がまとまってきたら、手でこねたりたたいたりします。ナンの生地はそれほど強く力を入れる必要はありません。

⑥かなりやわらかい生地ですが、生地がなめらかになり、まとまってグルテンが出てくるまでこねましょう。

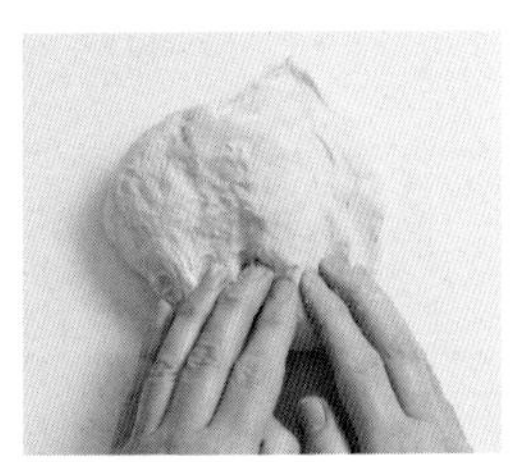

⑦サラダ油を投入し、生地を切るように指を使って入れ込んでから、さらにたたいたり、こねたりします。
伸びがよくなり、なめらかでツヤのある生地になります。

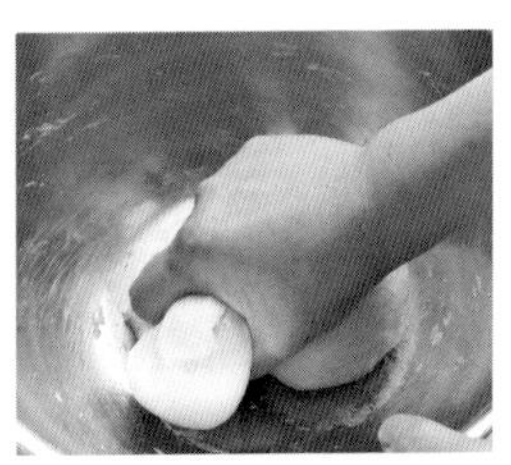

⑧グルテン膜を確認して、生地が完成です。

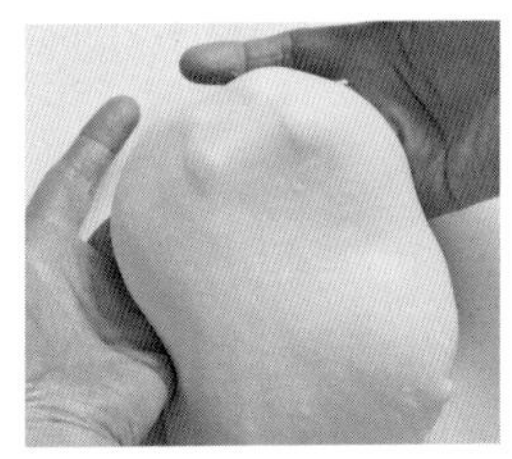

こね上げ生地温　28 ~ 30℃

ナンの発酵

一次発酵　**30℃　75%　（湯せん発酵）30 ～ 40 分**
または、室内発酵　50 分を目安に。
生地が 2 倍になります。

↓

ノーパンチ　（二次発酵なし）

↓

分割
丸め　大の場合　5 分割
小の場合　10 分割
とてもやわらかい生地なのでキャンバスの上にベーキングシートなどをしいてから生地を置いて作業するとよいでしょう。
（1回で両方作る場合は、まず生地を2分割して、1個を大2分割に、もう1個を小6分割にする）

↓

ベンチタイム　**15 分**

↓

成形（型）

（最終発酵はありません）

↓

焼成　**200℃　4 ～ 5 分**

ナンの成形（型）

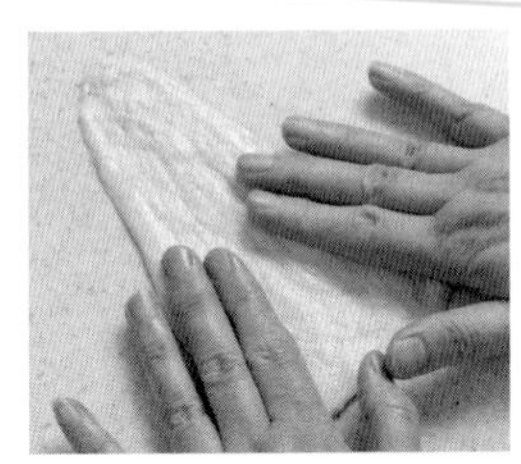

①手で生地を平らにします。手に少しサラダ油または、溶かしバターをつけて作業します。キャンバスが汚れるのでクッキングシートの上か、まな板を清潔にして使うのもよいでしょう。

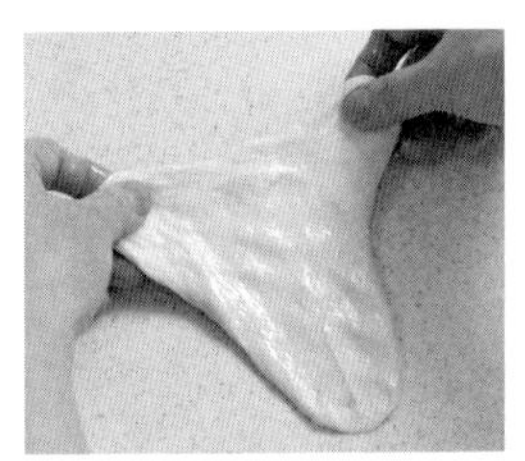

②ある程度大きくなったら、生地を引っ張って三角形のリーフ形にします。
天板にベーキングシートをしいて、大は１枚・小は２枚のせます。自由に手で形づくり、天板の上で形を整えてでき上がりです。

ナンの焼成

ナンは平焼きパンなので、ホイロはありません。成形した生地は、オーブンによって一度に天板を２～３枚入れることができます。
200℃に予熱をしますが、電気オーブンは高めに予熱するとよいでしょう。予熱が完了したら、200℃で４～５分焼成します。表面にところどころ気泡が膨らんで、焼き色がついてくる状態で焼き上がりです。

焼き立てに、ギーまたは溶かしバターをシリコンブラシかハケで塗って、カレーなどと一緒に食べるとよく合います。時間をおく時は、熱いうちにポリ袋に入れて保存し、食べる際に焼き直しましょう。

ナンづくりのバリエーション

ナンの生地はハチミツと相性がよいので、砂糖の代わりに使用すると風味が増して栄養補強にもなります。レシピでは砂糖に代えてハチミツ 7.5g を用意し、仕込水に溶かして投入します。

【ハチミツの話】

ハチミツはミツバチが花から採取した蜜を、羽ばたきによって水分をとばし濃縮させたものです。この時ミツバチは体内の酵素によって、蜜を果糖とブドウ糖に分解しているので、ハチミツは消化吸収が早く、即エネルギーや脳の栄養として働いてくれます。さらにハチミツはビタミン・ミネラルも含むので、心身の疲労回復に有効です。
また、ハチミツに含まれるグルコン酸は、大腸に届いてビフィズス菌を増やす働きがあるので、ヨーグルトにハチミツをかけると相乗効果が期待できるでしょう。

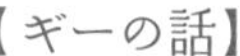

【ギーの話】

ギーはインドのバターオイルといわれています。牛・水牛・ヤギの乳を乳酸発酵させて作ったバターを加熱・ろ過して作る澄ましバターの一種です。工程中に水分・タンパク質・糖分が除かれるため、保存性が高く、気温が高い地方でも長期間保存が可能です。
焼き立てのナンに塗って食べられるほか、料理や菓子づくりに使われます。

5 蒸しパン

どこか懐かしい味のする蒸しパン。オーブンを使わず、蒸し器で蒸すので、ふんわりとした口あたりになります。

クイックブレッドについて

今までいくつかのパンの工程について述べました。どれも酵母の発酵による炭酸ガスの発生によってふっくら膨らむものであり、発酵と熟成をくり返すことによってパンの風味が増してくるので、パンづくりとはそれなりに時間を要するものです。
これに対して同じパンと呼ばれるものの中でも、生地を作ってすぐに加熱して完成してしまうパンもあります。

蒸しパン・甘食などがこれにあたり、クイックブレッドと呼ばれています。スコーン・ソーダブレッドなどもクイックブレッドの仲間です。

クイックブレッドの配合の特徴は、酵母を使わずにベーキングパウダー・ベーキングソーダ（重曹）といった膨張剤を使って炭酸ガスを発生させ、パンを膨らませるところです。
ベーキングパウダーは重曹をベースにしたもので、重曹の色の濃さや匂いの強さを助剤により改良した合成膨張剤です。助剤の組み合わせによって焼き物用・蒸し物用があり、用途別に使い分けることができます（図 5-1）。
また、ベーキングパウダーとベーキングソーダ（重曹）は性質の違いがあるので、両方をうまく使い分けることによっていろいろなクイックブレッド、焼き菓子を作ることができます（表 5-1）。

図 5-1　ベーキングパウダーのガス発生量と温度の比較

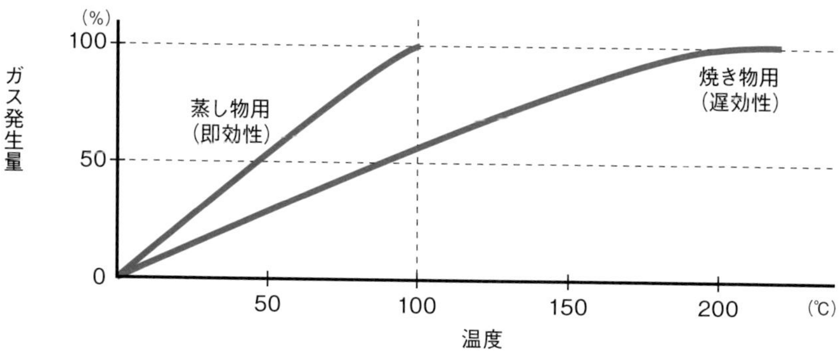

表 5-1　ベーキングパウダーとベーキングソーダ（重曹）の比較

	ベーキングパウダー	ベーキングソーダ（重曹）
原材料	（基剤）炭酸水素ナトリウム （助剤）焼きミョウバン・フマル酸・第１リン酸カルシウム　など （食品素材）コーンスターチ	炭酸水素ナトリウム アルカリ性（刺激臭と苦み）
性質	色・香りが少ない たてに伸びる 常温で粉・水に反応する →生地を作ったらすぐに加熱	独特の黄色と香り・苦み 横に伸びる 加熱しなければ反応しない →生地を休ませておける
用途	比較的重い生地に向いている バターケーキ・クッキー・シフォンケーキ・アメリカンマフィン・スコーン・蒸しパン　など	和菓子に向いている どら焼き・月餅・栗まんじゅう　など
保存	冷暗所 長期保存の場合は冷蔵庫	直射日光・高温多湿の場所をさけて保存

黒砂糖蒸しパン

パンの中でも蒸しパンは非常に短時間で完成し、時間がたってもしっとりとして、かたくなりにくいお菓子パンです。手軽に楽しめて、栄養補強効果も高いメニューといえるでしょう。

黒糖蒸しパンの配合

材料（タルト型7㎝　7～8個分）
型にグラシンカップまたは、アルミカップ（10号）をしいておきます。

卵	50g（M玉1個）
牛乳	100g
薄力粉	200g
ベーキングパウダー（蒸し物用）	6g
塩	0.5g
粉黒糖	60g
サラダ油	10g

【前準備】

・薄力粉、ベーキングパウダー、塩をよく混ぜてふるいます。粉黒糖もふるいます。蒸し器は、しっかり湯気を立てておきます。

作り方

①ボウルに卵を入れて溶きほぐし、ふるった粉黒糖を加えてホイッパーで混ぜます。なめらかになり黒糖が溶けると、とろんとした感じになります（この時泡立てません）。

②牛乳を加えてさらに混ぜます。

③ふるった粉類を加えて、ホイッパーで均一に混ぜます。粉気がなくなり、ツヤが出てくるとよいです（グルテンが出過ぎないようにします）。

④サラダ油を加えてさらに混ぜ、なめらかになれば生地のでき上がりです。

⑤用意しておいたタルト型に等分に流し、湯気の上がった蒸し器に並べて**強火で 12 〜 15 分蒸します**。この時、水滴がパンに落ちてこないように蒸し器のふたに乾いた布巾をかませます。

⑥生地の中央に竹ぐしをさし、くしに何もついてこなければでき上がりです。

⑦乾燥を防ぐために、タルト型からはずして乾いた布巾をかけておきます。

蒸しパンづくりのバリエーション

【黒糖蒸しパンに合うフィリング】

・**クルミ入り**

クルミ 60g をローストして（170℃　5～6 分）6 等分くらいに割り、できた生地に混ぜ込みます。

・**レーズン入り**

レーズン 60g をさっと洗ってすすぎ、水気をふきとって生地に混ぜ込みます。

※ クルミ、レーズン入りとも 3 分の 2 量を生地に混ぜ込んで型に流し、残りを上から散らすときれいにでき上がります。

・**こしあん入り**

こしあん 15g を丸めておきます。1個に入れる量の2分の1くらいの生地をタルト型に流し、こしあんをのせ、その上に残りの生地を流します。

・**しょうが入り**

しょうが汁 5g を牛乳と一緒に加えて生地を作ります。

【蒸しパンに使う型の応用】

・**グラシンカップ**

いろいろな大きさがあるので、サイズの合った型にグラシンカップをセットして使うと、大きさや数を変えることができます。

・**流し缶**

中枠をはずしてオーブン用ペーパーをしき、生地を流し入れます。P150 の材料だと2個できます。
蒸し時間 20 ～ 25 分。

・**12cm デコ型**

底と側面にオーブン用ペーパーをしいて生地を流します。P150 の材料だと2個できます。蒸し時間 30 分。
大きめの丸形にでき上がるので、ケーキのように切り分ける楽しさがあります。

第５章　練習問題

問１　**食パン型には作るパンの重さに合わせていくつかの種類があるが、次のうちないものはどれか。**

1. １斤
2. 1.5斤
3. ３斤
4. ４斤

問２　**パンの型には生地を入れて使うもののほかに、抜いて使う抜き型もあるがこの抜き型をよく使うパンは次のどれか。**

1. ドーナツ
2. ブリオッシュ
3. あんパン
4. ロールパン

問３　**パンの生地づくりで生イーストを使う場合、ドライイーストに対してどの程度の量が適当か。**

1. 同量
2. ２分の１～３分の１
3. ２～３倍
4. ５～６倍

問４　**ブリオッシュ生地のパンであるムスリーヌはフランス語だが「ムスリーヌ」の意味はどれか。**

1. 円筒
2. 大きい
3. 頭
4. うすぎぬ

ブリオッシュ・ア・テートの成形に関する記述で間違っているものはどれか。

1. ブリオッシュ型に油脂を塗っておく
2. 丸め直した大きい方の生地を先に型に入れる
3. 生地を丸め直してから大小に分割する
4. 大小に分割した生地を丸め直す

問 6 **インド料理でなじみのある「ナン」はもともと何語か。**

1. アラビア語
2. スワヒリ語
3. ヒンドゥー語
4. ペルシャ語

問 7 **次のうち生地を作ってから短時間で焼き上がる「クイックブレッド」ではないものはどれか。**

1. 甘食
2. 蒸しパン
3. ソーダブレッド
4. フォカッチャ

第５章　解答解説

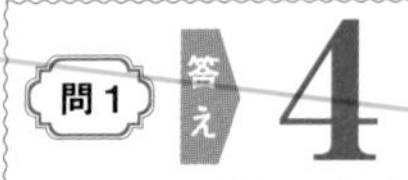

食パン型の代表的な種類は１斤、1.5斤、３斤である。２斤もあるが４斤はない。（詳細→ P120、125）

ドーナツの最も一般的なものは中央に穴のあいたリングドーナツで、成形時にドーナツ抜き型を使用する。（詳細→ P122）

生イーストを使う場合はドライイーストの２～３倍量を仕込水に溶かして入れるとよい。（詳細→ P124）

ムスリーヌ（Mousseline）はもともと羊毛の織物のこと。日本ではモスリンと呼ばれるもので、生地を巻いた布地を指し、この形が円筒型であることからきている。（詳細→ P132）

ブリオッシュ・ア・テートはベンチタイム終了後の生地からガスを抜かずにスケッパーで４分の１程度に分割し、残った大きい方の生地をそれぞれ丸め直してしっかりとじること。
（詳細→ P136）

ペルシャ語は現在のイランを中心にアフガニスタン、タジキスタンなどで使われている言語。ヒンドゥー語はインドの公用語、スワヒリ語はアフリカ東部、アラビア語はサウジアラビアからアフリカ北部で使われる言語。（詳細→ P141）

甘食、蒸しパン、ソーダブレッドは膨張剤を配合して炭酸ガスを発生させ、生地を膨らませるのが特徴。（詳細→ P148）

第6章
パンとのコンビネーション

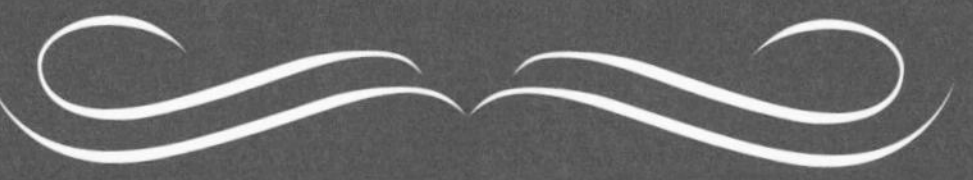

パンのあるテーブルに、もう一品何かを加えるだけで
いつものパンがもっと違った味わいに感じられるかもしれません。
パンとのよいコンビネーションを奏でる食品の代表として、
ここでは飲み物を取り上げていきます。
喫茶店のモーニングトーストにはコーヒー、
イギリスのアフタヌーンティーにはサンドイッチと紅茶など。
定番の組み合わせももちろんですが、
さまざまな種類のパンがある今、
新しい組み合わせにもトライしてみましょう。

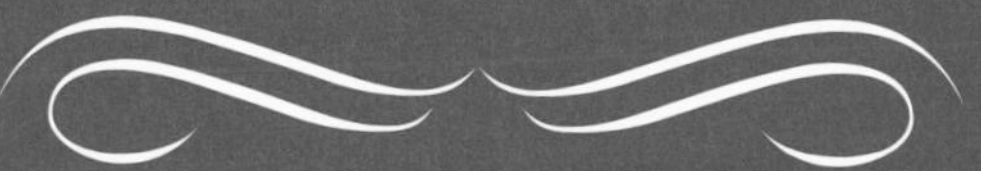

アンケート結果は…

第1回パンシェルジュ検定3級で、受験者を対象として「あなたがパンを食べる時によく飲む飲み物を教えてください」というアンケート調査を実施しました。下のグラフはその集計結果です。

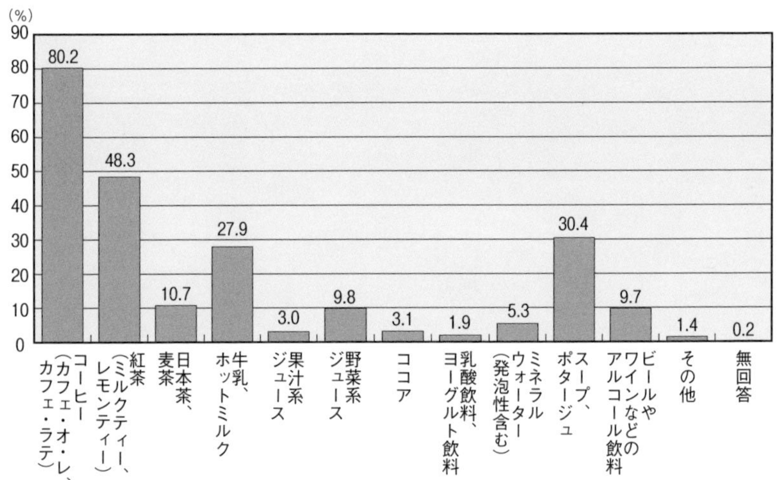

第1位のコーヒー（カフェ・オ・レ、カフェ・ラテを含む）は8割以上の人がパンを食べる時によく飲む飲み物として回答し、次いで2位の紅茶（レモンティー、ミルクティーを含む）が5割、スープ、ポタージュと牛乳、ホットミルクがそれぞれ3割となりました。

この章では、1位のコーヒー、2位の紅茶、それにフランスパンとの相性抜群のワインについて、それぞれのパンに合う種類やさまざまな組み合わせを考えています。

1 コーヒー

パンを食べる時によく飲む飲み物として最も多く回答されたのはコーヒー（カフェ・オ・レ、カフェ・ラテ含む）でした。コーヒーのほろ苦さや酸味は、パンの香りや味わいを広げたり、ひきしめたり。パンのお供としてのコーヒーの魅力は、チョコレートやナッツなどの濃厚な味わいのフィリングやソースなど、パンの素材の個性を受け止める力強さにあるようです。

コーヒーとは

コーヒー豆を精製し焙煎、粉砕したものを湯や水で抽出したものを呼びます。コーヒー豆は世界の60か国以上で生産されており、その大半は南緯25度から北緯25度のエリア、一般に「コーヒーベルト」と呼ばれる熱帯・亜熱帯地域で栽培されています。原産地はエチオピアですが、近年世界第1位の生産量を誇るのがブラジルで約30%、続いてコロンビアとベトナムがそれぞれ約10%を占めています。

コーヒー豆はコーヒーの木の種子の部分にあたり、赤または紫の果実を結びますが、ひとつの果実の中には2粒の種子が向き合うようにして入っています。通常の豆は、その向き合う面が平らなため平豆（フラットビーンズ）と呼びますが、時に枝の先端部分では丸い種子を1粒だけ含む果実があり、これは丸豆（ピーベリー）と呼ばれます。

コーヒー豆の基本

コーヒーの木のうち、実際に飲み物として使用される栽培種には、アラビカ種、ロブスタ種、リベリカ種の3原種があります。そのうちアラビカ種が生産量の70～80%を占め、品質も随一。味わい、香りともにすぐれレギュラーコーヒー（直前にコーヒー豆から抽出して飲むコーヒーのこと）に使われます。ロブスタ種の生産量は約20%。独特の香りと苦味はストレートには不向きとされ、主にインスタントコーヒーや缶コーヒーなどに用いられます。リベリカ種は病害に弱く、品質も劣るとされ現在はほとんど栽培されていません。アラビカ種には多くの品種があり、従来2大品種とされ、今も高く評価されているものがティピカ種とブルボン種ですが、現代では新品種の開発がされています。

コーヒー豆のネーミング

コーヒー豆の名付けには、生産国、出荷する港、栽培地域、山域などの名称が用いられています。例えば「コロンビア」や「エクアドル」は国名。「サントス」や「モカ」は港名。「ハワイ・コナ」や「マンデリン」は栽培地域名。「キリマンジァロ」「ブルーマウンテン」などは山域名。これらの名にその豆ごとの格付けなどが付加されてコーヒー豆の名称が決まります。

「ブラジル・サントス・No.2 -18・ストリクトリーソフト」を例にあげます。

・**「ブラジル」のサントス港から出荷される「サントス・コーヒー」の中で格付け No.2**
欠点豆混入による格付け。300g サンプル中の欠点豆の混入量により No.2 ～ 8 の 7 段階ある。No.2 は欠点数が 4 以下と最高ランク。

・**スクリーンサイズが 18**
豆の大きさによる格付け。一般的に粒揃いで大粒なほど評価が高い。
平豆は No.12 ～ 20、丸豆は No.8 ～ 13 に分類される。

・**ストリクトリーソフト**
味の格付け。ストリクトリーソフトは「とてもやわらかく、甘味のある味」でトップクラスを示す名称となる。

近年は一層厳しい選別のもとで作られた上級品を「スペシャルティコーヒー」と認定したり、特定農園の名称を付けたりするなど、ネーミングでも高品質な豆の差別化ができるよう図っています。

表 6–1　その他の国の格付け例（グアテマラ）

等級	名称	略号	標高（フィート）
1	スクリクトリー・ハード・ビーン	SHB	4500 ～
2	ハード・ビーン	HB	4000 ～ 4500
3	セミ・ハード・ビーン	SH	3500 ～ 4000
4	エクストラ・プライム・ウォッシュト	EPW	3000 ～ 3500
5	プライム・ウォッシュト	PW	2500 ～ 3000
6	エクストラ・グッド・ウォッシュト	EGW	2000 ～ 2500
7	グッド・ウォッシュト	GW	～ 2000

コーヒーの産地と代表的なコーヒー豆

コーヒーの産地は中米、南米、アフリカ、アジアの4つに大別できますが、良質なコーヒーが育つ気候条件は、比較的冷涼（年平均15〜25℃）で降雨量が多い（年間1,500〜2,000㎜）こと。標高が1,000〜2,000mと高いエリアは良質なアラビカ種に、1,000m以下の熱帯低地はロブスタ種に適しています（図6-2）。

図6-2　コーヒーの主な産地

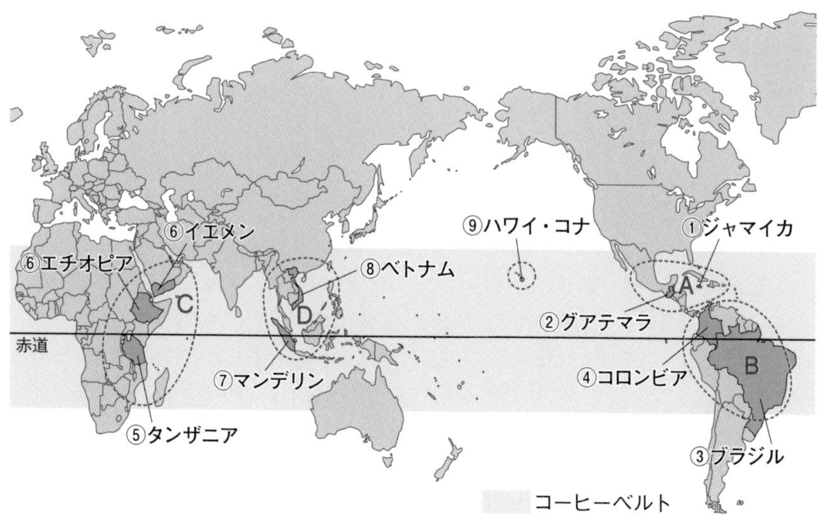

【中米地域】 A

カリブ海諸国と中米の国々による地域。豊富な山脈の斜面を利用した栽培により、アラビカ種を主体とした香りの豊かな高級品を多く作っています。

・**ブルーマウンテン（ジャマイカ）**・・・・①

国土の約80%が山地というジャマイカの中でも最高峰ブルーマウンテン（2,256 m）の山のふもとで栽培されるアラビカ種の最高級品です。繊細な香気、酸味、甘味、コク、すべてが絶妙なバランスを保ち、口あたりは軽く喉ごしもなめらか。浅煎りをストレートで楽しむのに向いています。相性のよいパンはコーヒーの繊細さをそこなわないように軽い味わいのもので、シュガー・ラスク、パン・オ・レ、パヴェ・シトロンなど。

・**グアテマラ**‥‥②

産地の標高別に７段階に分類されますが、標高1,350 m以上の高地アンティグアで生産されるグアテマラ・アンティグアは、世界でもトップクラスの品質です。グアテマラはカカオやベリー系の香りが華やかで、キレのよい酸味があり後味に濃厚な甘味と苦味を残します。ストレートでも楽しめますが、ブレンドにするとコーヒーの香りを引き立てる効果があります。特に深煎りしたものは、酸味も甘味も苦味も、濃厚な味わいを醸すため、こってりとしたチョコレートたっぷりのチョコレートパンや、キッシュなどとも深い味わいが楽しめます。

【南米地域】 B

世界トップのコーヒー豆生産量を誇る国がブラジルですが、近年は良質な豆を生産する農場を認定し「スペシャルティコーヒー」も作っています。

・**ブラジル**‥‥③

ブラジル産のコーヒーは一般にブラジルと呼びますが、そのうちサントス港から出荷される豆は「サントス・コーヒー」と呼ばれ、ほとんどがブラジル南東部産の最高級品です。ブラジルの味わいは軽やかな香りとコクと苦味がポイント。他の豆とのブレンドベースによく使用されます。モカやグアテマラには個性的な酸味を緩和する効果を、バランスのとれたブルーマウンテンにはほろ苦さをアクセントとして与えます。ブラジルでポピュラーなのが「カフェ・ジーニョ」というスタイル。深煎りのコーヒーをデミタスカップに入れ砂糖をたっぷり加えて、一気に飲み干します。ポン・デ・ケージョとも相性がよいようです。

・**コロンビア**‥‥④

コロンビアの中でより深い風味をもつと分類されるのが、大粒な豆「スプレモ」（スペイン語で最高級）。日本でも有名な「メデリン・コーヒー」はメデリン市で生産される豆で、品質管理のよい高級品として定評があります。コロンビアは独特の木の皮のような風味とトーストの香りをもち、酸味は甘さも重厚ながら、バランスがとれて全体的にはマイルドな印象です。浅煎りの豆は、木の皮の香りや酸味が豊かです。クルミ入りのハード系のパンをトーストすると、ナッツの香ばしさがより引き立ちます。深煎りのストレートはさっぱりとした酸味はバターたっぷりのクロワッサンと一緒に飲むと、より際立ちます。すっきりと目覚めたい朝には、クロワッサンとコロンビアのブラックコーヒーがぴったりの組み合わせでしょう。

【アフリカ&西アジア】 C

コーヒー発祥の地、エチオピアのモカやタンザニアのキリマンジァロなどで知られるアフリカは、全体的に肉厚でしっかりとした風味の豆を生産しています。

- **キリマンジァロ(タンザニア)**・・・⑤
  アフリカ最高峰のキリマンジァロ※(現地語で輝く山の意味、5,895m)。その斜面で栽培されるのが有名なキリマンジァロ・コーヒー。強い酸味と、レモンのようなフレッシュな香りが特徴的で「男性的」「野性味あふれる」などと表現されることも。
  独特のフレッシュ感ある味わいは、クリームチーズなどクリーミーなチーズとの相性もよく、さわやかなキレを与えてくれます。クリームチーズのデニッシュペストリー&キリマンジァロは午後のリフレッシュタイムにおすすめです。
  ※キリマンジャロと表記される場合もあるが、本書ではキリマンジァロで統一。

- **モカ(イエメン・エチオピア)**・・・⑥
  「モカ」とは、もともとコーヒーが出荷されていた港の名称。モカにはイエメン産とエチオピア産があります。ヨーグルトのような発酵フレーバーを含む優雅な香りをもち、最上質のものは「ゴールデン・マタリ」として珍重されています。エチオピアではハラー地方産「モカ・ハラー」の人気が高く、オレンジピールのような甘く華やかな香りとシナモンなどのスパイスの香り、そしてカカオのような上品なほろ苦さが、朝の目覚めの一杯にぴったり。ブレンドに用いても甘味を醸すモカはバタートーストとの相性がよいです。コーヒーの甘味はバターの風味を広げ、華やかな酸味とさっぱりとしたキレを与えます。

【アジア】 D

- **マンデリン**・・・⑦
  スマトラ島の北部・北スマトラ州で産出されています。インドネシアではロブスタ種が中心ですが、ジャワ島、スラウェシ島、スマトラ島ではアラビカ種が生産されています。その中でもスマトラ島のマンデリンは高い評価で、最高グレード品には「G1」が与えられます。酸味は比較的まろやかで、力強い苦味とオレンジピールのような甘さのあるアフターフレーバーが特徴的。力強さを味わうにはブラックがおすすめですが、その濃厚な味わいは砂糖やミルクたっぷりのカフェ・オ・レにも向いています。芳醇な苦味とオレンジピールの香りを、ドライフルーツやナッツがぎっしり詰まったシュトーレンのようなパンに合わせると、オレンジの香りやバターのコクをさらに深く味わえます。

・**ベトナム**‥‥⑧

ベトナムでコーヒーが栽培されるようになったのは19世紀の中頃から。当時、フランスの植民地であったため多くのコーヒー豆をフランスに輸出してきました。現在の生産はアラビカ種も増えていますが、主軸はロブスタ種で、各国への輸出量の増加は著しく、今後、輸出品としての成長が期待されています。「ベトナム・ロブスタ」の特徴は、焦げたパンのようなローストフレーバーや強すぎないけれどはっきりとした苦味があること。深煎りにしてアイスコーヒーにすると最適です。

【その他】

・**ハワイ・コナ**‥‥⑨

ハワイ島の西岸にあるマウナ・ロア山（4,169m）とマウナ・ケア山（4,205m）の西側斜面のエリアにあたるコナ地方で生産されており、非常に強い酸味と柑橘系のフレーバーが特徴で、浅煎りにするとシャープな酸味が、深煎りにすると強い苦味が際立ちます。また、ブレンドに用いるとよい酸味を与えます。ブルーマウンテンに次ぐ高級ブランドです。マフィンやケーキ・ドーナツとの相性がよく、中でもドライフルーツ入りのものは浅煎り、チョコやナッツ入りは深煎りとの相性がよいようです。

Bench Time
Bread Column

フェアトレード・コーヒー

フェアトレードとは国際的な貧困対策、環境保全を目的とした商品取引のひとつ。アジア、アフリカなどの途上国からコーヒー、カカオなどを先進国が輸入し、立場の弱い生産者や労働者の生活改善と自立を援助しています。コーヒーの価格は需要や相場により変動しやすく、時に暴落すると生産者の手取りが原価を下回ってしまうこともあります。フェアトレードを行う団体では相場がどんな価格だろうと同じ最低保証価格で生産農家からコーヒー豆を買い取ることで生活を支援しています。

コーヒー豆の扱い方による味わいの違い

コーヒーの味わいは豆の違いのほかにも、豆の「精製」「焙煎」「挽き」、淹れる時の「水」と「抽出」の過程でも変わります。

【精製とは】

コーヒーの果実から生豆（なままめ、きまめ）を取り出すこと。方法として水洗式と自然乾燥式があります。水洗式は果皮や果肉を水洗いして取り除く製法で精製度の高さから主な生産国で用いられています。自然乾燥式は、果実を天日で乾燥させた後、機械で果肉を取り除く方法です。そのほか、珍しいものにジャコウネコなどの動物に食べさせてそのふんから未消化で残った豆を取り出す「コピ・ルアク」と呼ばれる方法もあります。

コーヒーの実

【焙煎（ロースト）】

生豆は焙煎によりコーヒーらしい味や香りが生まれます。焙煎が深くなるにつれて生豆は薄緑色からシナモン色、褐色、黒に近い褐色に変化します。焙煎の度合いの低いものを「浅煎り」、深いものを「深煎り」、その中間を「中煎り」と分ける方法がありますが、明確な基準はなく販売店によってもその程度は異なります。日本ではさらに細かい段階を使う場合もあります。

一般に、浅煎りは酸味が強調され、香りは高いけれどややあっさり、深煎りは豊かな苦味とコクがあり、中煎りは香り、コク、酸味と苦味も中庸です。

豆の特質を見極め甘味、酸味、苦味、香りをバランスよく整えることが焙煎のテクニックです。きちんと焙煎された豆は、色ムラもなく大きさも均一で、表面はシワがなくハリとツヤがあります。

焙煎機

【挽く（グラインド）】

焙煎した豆を粉状に細かく挽くためには、コーヒーミルまたはグラインダーと呼ぶ機械を用います。家庭にミルがない場合はこまめに購入するほうがよいでしょう。

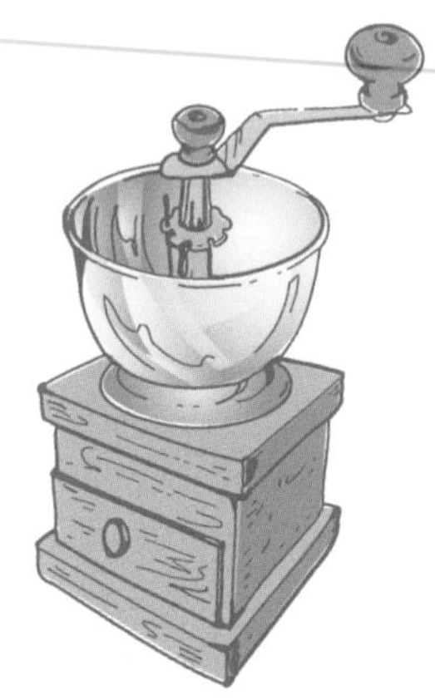

コーヒーミル

粉の粒子により、「細挽き」「中挽き」「粗挽き」と大きく分けられ、さらに「極細挽き」「中細挽き」「中粗挽き」と分けることもありますが定まった規格はありません。

細く挽くほど、色も味わいもよく抽出されて濃くなりますが、余計な渋味や雑味も抽出される場合もあります。反対に粗すぎると味はあっさりし、色も風味も出ません。すでに挽いて販売している粉は「中細挽き」がほとんどです。どの抽出器具にも対応でき適度な味わいが楽しめます。家庭で挽く場合のポイントは、均一な味わいが抽出できるように挽きムラがないことです。

【抽出法（コーヒーを淹れる）】

ペーパードリップ

少量の粉でもおいしく淹れられ、器具の扱いも簡単で衛生的です。使用する道具は、ドリッパー、ペーパーフィルター、サーバー（抽出適量の目盛りがついているガラスポット）、ポット。ドリッパーにはひとつ穴のメリタ式と、３つ穴のカリタ式があります。それぞれに合ったペーパーを使いましょう。

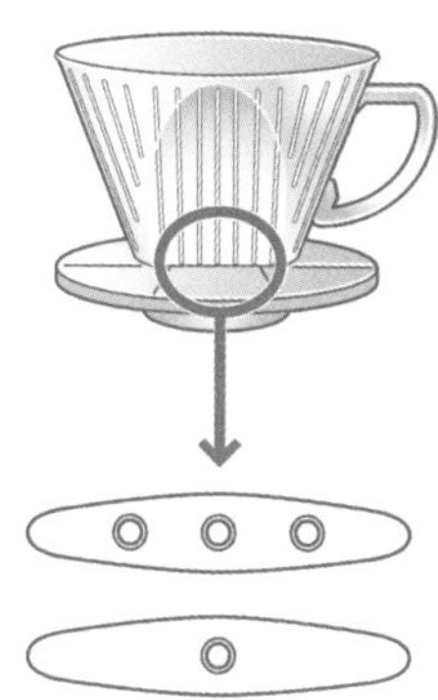

〈淹れ方のコツ〉

①ペーパーフィルターをセットする

- ペーパーの側面、底面の折りしろを折り、ドリッパーにぴったりと沿うようにセットする。

②コーヒーの粉を入れる

- １人約 10 ｇの粉が適量。１人分増えるごとに７〜８ｇ加える。軽くゆすって粉面を平らにする。中細挽きが相性がよい。

③粉に少量の湯を含ませる

・粉面より 3 ～ 4cm の高さから粉の中央へ向け、湯をサーバーにコーヒーが数滴落ちるように静かに注ぐ。
粉が膨張してきたらしばらく待ち 20 ～ 30 秒「蒸らす」のがコツ（焙煎したての新鮮な粉は、きのこ状に膨れる)。
湯温は 83℃くらいが適温。高温だと酸味が弱まり苦味を多く感じ、低温だと苦味が抽出されず酸味が出やすい。

④静かに「の」の字を描くよう湯を注ぐ

・２回目の注入を「の」の字を書くように細めに注ぎ、粉の層が凹み、湯が落ちきる手前でもう一度注ぐ。この時フィルターの壁面にできたコーヒーの壁を崩さないこと。壁面は粉の層が薄いため、湯を注いでも旨味の成分を抽出しないまま通り抜けてしまい、水っぽい味になりかねない。

「の」の字を書くように注ぐ

⑤抽出はスピーディーに

・サーバーに適量（１人分 150mℓ）が抽出されたら、まだフィルターに湯が残っていても、余分な成分が抽出されないようドリッパーをはずす。抽出に時間をかけすぎると酸味や苦味が強くなったり温度が下がってしまう。

ネルドリップ

ドリップ式の元祖です。必要な道具は布製のネル・フィルター、ポット、サーバー。コーヒーに含まれる油分がより抽出されるので味がまろやかになるといわれますが、ある程度の湯量が必要です。１人分よりも大量抽出に向きます。

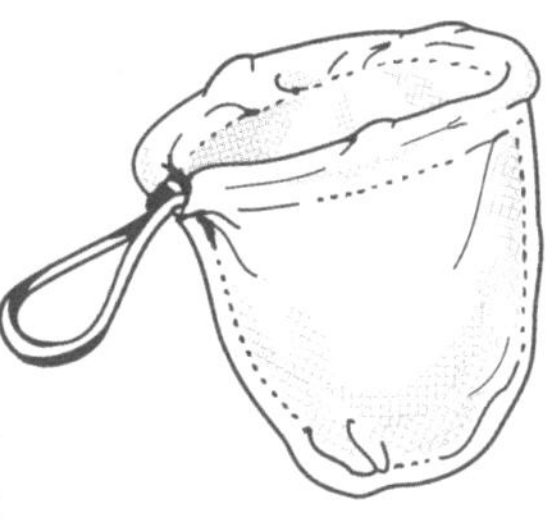

ネル・フィルター

使用前の新しいネルは茹で洗いして糊を取り除き、コーヒーの残りカスとともに煮込んでなじませます。使用後は匂いが移るのを防ぐために洗剤などを使わずに洗い、水に浸けて冷蔵保存します。水は毎日取り替え清潔な状態をキープしましょう。

コーヒーサイフォン

耐熱ガラスのフラスコとロートが豪華さを演出する器具。上部のロートに粉を入れ、下のフラスコには水を注ぎます。ロートとフラスコをしっかり固定し、アルコールランプでフラスコを加熱すると、フラスコの湯は水蒸気圧の力でフィルターを通りロートに押し上げられます。

コーヒーサイフォン

頃合いを見て火を止めると、コーヒー液がフィルターを抜けてフラスコに落ちてきます。見た目も楽しい方法です。しかし高温抽出により苦味やアクが抽出されやすく、また器具が破損しやすいので注意が必要です。

コーヒー・メーカー

ペーパーフィルターをセットしてコーヒー粉をろ過する器具。抽出方式としてはペーパードリップと同じですが、コーヒーと湯の接触時間が長いため、成分を抽出しすぎたり、苦味が強く出る傾向もあります。抽出したコーヒーを長時間保温状態にするのは煮詰まって味がそこなわれるので厳禁です。

コーヒー・メーカー

エスプレッソマシン

エスプレッソとは、細挽きの粉に水蒸気で圧力をかけ、素早く抽出するコーヒー。英語のエクスプレス（急行）と同じ意味。イタリアのカフェでの定番コーヒーが、イタリア料理ブームとともに日本でもポピュラーになりました。家庭で楽しめるエスプレッソマシンや、直火式のエスプレッソマシンなどの器具もあります。豆はイタリアン・ローストかフレンチ・ローストの極細挽きを。できたてのエスプレッソ・コーヒーの表面にはクリーミーなキメの細かい泡が立ち、味わいは苦味が強く芳ばしさを凝縮した旨味があります。プチ・パン・オ・ショコラ、ビスコッティなどとぴったりです。

エスプレッソマシン

新しい味わいを作るコーヒーの淹れ方

【豆のブレンドをする】

種類の違う豆を組み合わせて、好みのスタイルのコーヒーを淹れるのもコーヒーの楽しみのひとつ。ベースとなる豆を最初に選んだら、焙煎度合いの近い豆を２～３種加えてみましょう。例えば、甘い香りのマンデリンに酸味と苦味のはっきりとしたハワイ・コナを同量ブレンドすると、甘い香りがかぐわしくボリューム感のある味わいが醸し出されます。

【濃さをアレンジする】

焙煎、挽き、抽出のコンビネーションで、コーヒーの濃さに変化が出ます。コーヒーの濃さとパンとのコンビネーションを考えてみましょう。ただし、酸味のあるフルーツは、コーヒーの酸味との相性がむずかしいので注意しましょう。

・**濃い味わい**

「深煎り＋細挽き＋高温の湯（90℃弱）をゆっくり注ぐ」

ビターなチョコレートを使ったパンや本格的コーヒー味のパンに。濃い味わいにも負けない組み合わせです。

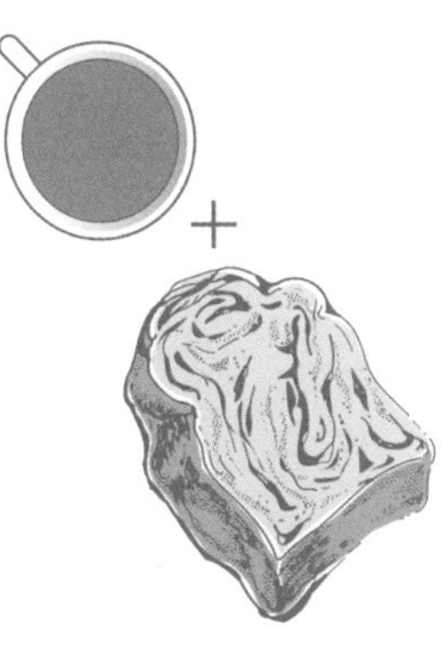

・**中間の味わい**

「中煎り＋中挽き＋中温の湯（80℃強）を中くらいの速度で注ぐ」

苦味を抑えた中煎りの味わいは、ナッツやキャラメル風味のパンと。ナッツやキャラメルの芳ばしさやほろ苦さを引き立ててくれます。

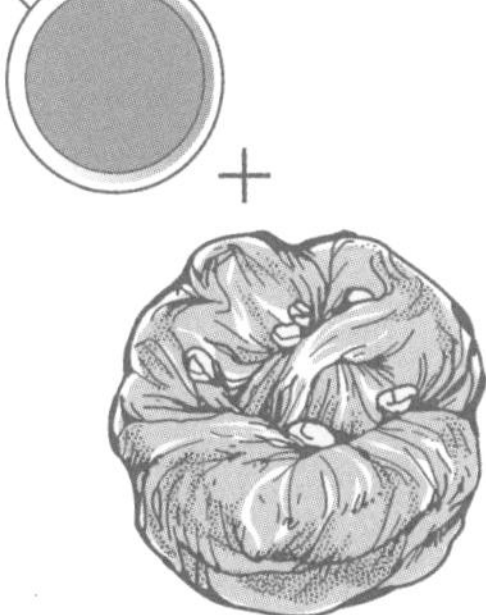

・**薄い味わい**

「浅煎り＋粗挽き＋低温の湯（80℃弱）を速く注ぐ」

ツナサンド、卵サンドなど、またあっさりとしたサンドイッチにもよく合います。ミルククリームなどあっさりしたクリーム＆コッペパンも軽いコーヒーと相性がよいでしょう。

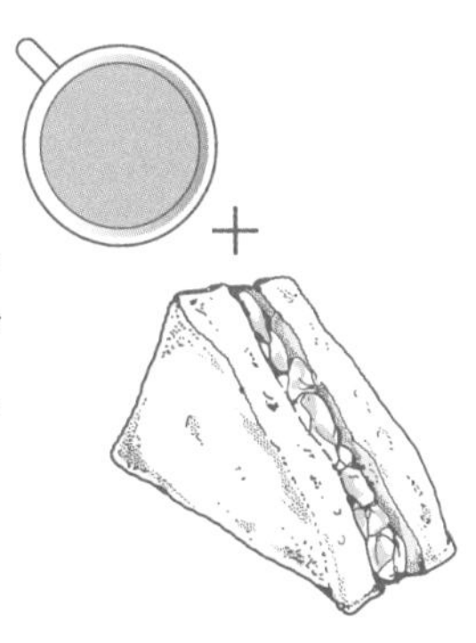

コーヒーの成分と効能

コーヒーの抽出液は約 99.5%が水分です。栄養を期待することはできませんが、注目の成分カフェインを含みます。カフェインは粉 10g、熱湯 150mlの抽出液で 0.06%（インスタントコーヒー液はおよそ 0.057%）ほど含まれています。カフェインには刺激作用があり、血管を拡張し血液の流れをスムーズにさせ、筋肉の働きをよくしたり、また肝臓の働きを活発にし、二日酔いや疲労回復に効果があるといわれます。また、脂肪の分解を促進しエネルギー消費を助ける作用があるともいわれています（図 6–3）。

図 6–3　抽出コーヒーの成分（水分を除く）（%）

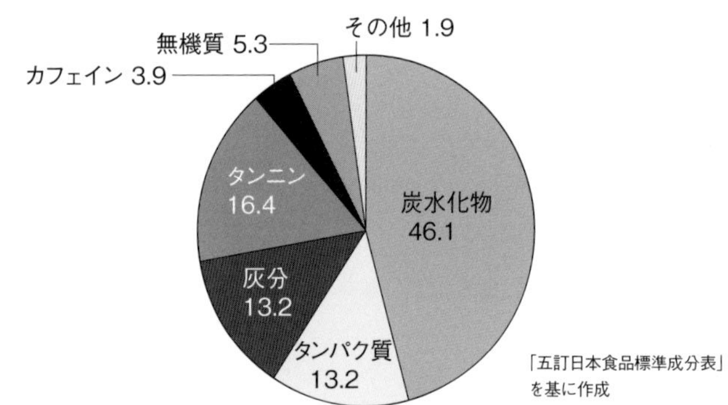

「五訂日本食品標準成分表」
を基に作成

コーヒーのアレンジ

基本的なアレンジコーヒーをご紹介します。ほかにもワインやリキュールを加えたり、アイスクリームやフルーツを使って、さまざまなコーヒーアレンジとパンとのコンビネーションに挑戦してください。

【カフェ・オ・レ】

フランス語。一般にドリップコーヒーと温めた牛乳を半々に混ぜたものをいいます。フランスでは持ち手のない大きめのボウルを用いる場合が多いのは、パンを浸して食べるのに便利だからです。定番はクロワッサンとカフェ・オ・レ。浸して食べると、ミルクの風味が口いっぱいに広がり、コーヒーのほろ苦さがアクセントになります。

【カフェ・ラテ】

イタリア語。イタリアでは一般にエスプレッソ・コーヒーに温めた牛乳を加えたものを指しますが、アメリカ式ではエスプレッソにスチームで泡立てた牛乳を入れたものをカフェ・ラテと呼びます（イタリアでカプチーノ）。日本では、アメリカ式にスチームミルクを使ったものをカフェ・ラテと呼ぶことが多いようです。マシンがなく鍋でミルクを温める時は、弱火にかけながら泡立て器で混ぜるとよいでしょう。

【カプチーノ】

イタリアや、オーストラリアで好まれています。エスプレッソに泡立てた牛乳を加え、シナモンやココアパウダーで風味付けしたり、表面に絵や模様を描いてアートに仕立てたりしたものも。シナモンブレッドとの相性は抜群です。

【アイリッシュコーヒー】

アイルランドで生まれたホットカクテル。グラスにホットコーヒーを注ぎ、角砂糖またはザラメを加え、温めたアイリッシュウイスキーを注いで軽くかき混ぜ、生クリームを浮かべます。アイリッシュブレッドとの相性は抜群です。

【ウィンナコーヒー】

日本では濃いコーヒーにホイップクリームを浮かべたもの、しかしウィーンには「ウィンナコーヒー」という名の飲み方はなく、エスプレッソに温めたミルクを入れ、ミルクの泡を浮かべた「メランジェ」という飲み方がポピュラーです。ザッハトルテとよく合います。

2 紅茶

明るく軽やかな水色(すいしょく)※とエレガントな香りを持つ紅茶も、パンのお供として大切な飲み物です。コーヒーとは合わせにくい酸味のあるフレッシュフルーツを使ったパンや、紅茶の国イギリスの伝統的パンなど、さまざまなアレンジに挑戦してみてください。

紅茶の基本

紅茶とはお茶の葉を完全に発酵させた茶葉のこと。もしくは、それをポットに入れて熱湯で抽出した飲み物のことをいいます。語源はその鮮やかな液体の紅色から。お茶の葉には酸化酵素が含まれており、この酵素を利用してじっくりと発酵させることで、コクと渋味、フルーティーで花のような香りが生まれます。

紅茶、緑茶、ウーロン茶などお茶の種類の違いは茶葉の発酵の度合いによります。完全発酵茶が紅茶、途中まで発酵させた半発酵茶がウーロン茶、まったく発酵させない不発酵茶が緑茶になります。

飲み物としての紅茶の有効成分は、主にカフェイン、タンニン、タンパク質。カフェインは苦味成分で、タンニンは渋味、いずれも緑茶やウーロン茶より豊富ですが、コーヒーに比べるとカフェイン濃度は低く覚醒作用は穏やかになります。タンニンはポリフェノールの一種で、抗酸化作用があり、生活習慣病を予防するといわれています（図 6-4）。

図 6-4　紅茶の成分（水分を除く）（%）

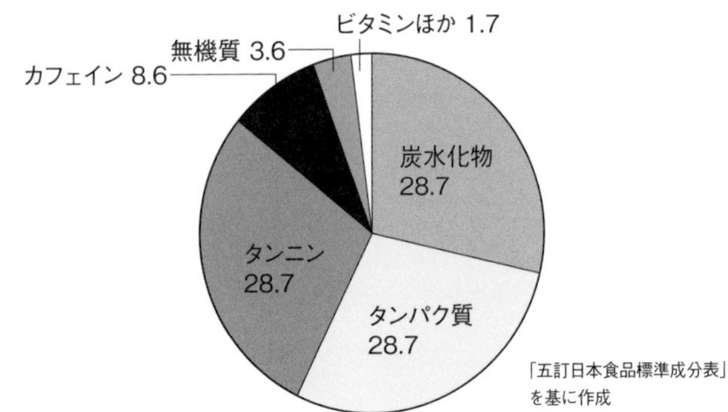

※水色：紅茶抽出液の色のこと

茶葉の産地の特徴による分類

図 6-5　主な紅茶の産地

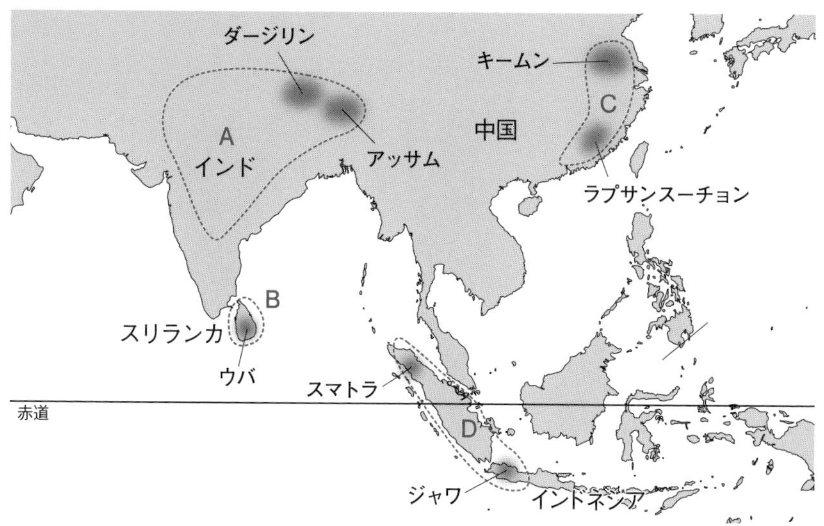

【インドの代表的な産地】 A

・**アッサム**

インド北部産。濃い紅の水色で花のような芳醇な香りがあでやか。ストレートだけでなく、ミルクティーにすると芳醇な風味はまた一層鮮やかになります。

ストレートには、トースト&マーマレードジャムとの相性が抜群。紅茶の香りがオレンジの甘さとほろ苦さをさわやかに広げます。クリームパンとの相性もおもしろく、紅茶を含むと口の中はまさにミルクティーの味わいとなります。ミルクティーには、クロワッサンやデニッシュペストリーなど、バターたっぷりのパンが合います。

・**ダージリン**

インド北部産。オレンジの水色でストレートティー向き。マスカットフレーバーと賞賛される特徴的な香りと、しっかりとした渋味とコクがバランスよく調和されています。スッキリとした気品のある味わいは、ベリー系のフルーツとの相性がよく、酸味と香りをさわやかに引き立てます。またクリームチーズを使ったパンやサンドイッチにも、後口にさっぱり感を与えてくれます。

【スリランカ】 B

かつてはセイロン島と呼ばれていたことから、一般にセイロンティーとして知られているスリランカの紅茶は、どの茶葉もクセがなくて飲みやすいのが特徴。トマトやキュウリなど野菜系のサンドイッチに合わせてもさわやかです。

- **ウバ**
  セイロン島南東部産。ダージリン、キームンと並んで世界三大銘茶と呼ばれているウバは生産量も少ない高級品。澄んだ水色でカップに注ぐとカップの内側の縁に美しいゴールデンリングと呼ばれる金色の輪ができるものが最高のものとされます。スミレやスズランのような花の香りやメントール系の香りは、「ウバ・フレーバー」と賞されています。コクのある渋味とさわやかな酸味は、ストレートが最適とされ、ライ麦パン＋ラベンダーのハチミツといった組み合わせが、高貴な香りに寄り添います。

【中国】 C

お茶の発祥の地、中国では一般的な紅茶と燻製茶の２つのタイプがあります。

- **キームン**
  中国で最も有名であり一般的なスタイルの紅茶で、三大銘茶のひとつ。ほんのりと燻製の香りがあり、上質な茶葉ほど「キームン香」と呼ばれるランのような甘い香りを豊かに放ちます。松の実やクコの実、ヒマワリの種など木の実がぎっしり詰まったパンに合わせるとさらにオリエンタルフレーバーが楽しめます。

- **ラプサンスーチョン**
  燻製茶。紅茶の茶葉を松葉でいぶして香りづけしたフレーバーティーのひとつ。クセのある強い芳香で、イギリスではスモークサーモンやチェダーチーズによく合うとされます。燻製の香りが燻製食品と、とても相性がよいので、スモークチキンのサンドイッチにぴったり。個性的な香りはスパイシーなカレーパンやケバブサンドにも負けません。

【インドネシア】 D

渋味が少なくマイルドな口あたりとクセのないカジュアルな風味が特徴で、どのような食事にも合わせやすく人気。「ジャワ」や「スマトラ」が主な産地です。

紅茶の製法による主な分類

【CTCタイプ】

「Crushつぶす→Tear裂く→Curl丸める」という特殊な方法で作られた茶葉。小さな粒状になるため成分がはやく抽出される。主にティーバッグに使われます。

【リーフタイプ】

茶葉の原形を残し、針状にまとめたもの。

紅茶の等級による分類

品質の良し悪しではなく、茶葉をサイズ別に等級をつけて分類する方法。大きな葉と小さな葉が混在した状態では、抽出時間が一定しないために大きさ別に分類しています。ただし国際的な基準はなく工場や産地によって表記はまちまち。代表的なグレードを２つ紹介します。

【オレンジペコー（OP）】

いちばん大きい茶葉をそのままの形を残し揉んで作ります。葉は大きいままなので香りが高いのが特徴です。葉が開くのに時間がかかるため抽出時間は長く、４～５分が目安。

【ブロークン・オレンジペコー（BOP）】

オレンジペコーと同じ茶葉を細かく砕いたもの。オレンジペコーより香りは弱いものの、味やコクは強くなり抽出時間は２～３分と短くなります。

紅茶の淹れ方とバリエーション

【リーフティー】

おいしく紅茶を淹れるコツは、あらかじめ温めておいたポットに良質な茶葉を入れ、水道からくみたての新鮮な水を十分に沸騰させてから注ぐこと。すぐにポットのふたをし、大きな葉は４～５分、小さくても２～３分は蒸らします。ティーカップは水色が楽しめるように、口が広く浅型で白地のものを使うのが基本。茶葉はカップ２杯（350～400㎖）につきティースプーン２杯が適量です。

【ミルクティー】

紅茶の本場イギリスではミルクティーが主流。諸説がありますが、ミルクを先にカップに直接入れる方法がポピュラーなようです。ポイントはミルクの温度で紅茶が冷めないようにカップを十分温めておくこと、またミルクは温めると風味が変わってしまうので温めずに使うこと、そして紅茶は濃いめに淹れ、たっぷりと注ぐことなどです。低温殺菌ミルクを使うと紅茶とミルクの香りの融合がひときわ際立ちます。アフタヌーンティーに習ってスコーンとジャムを添えて。

【ロイヤルミルクティー】

鍋に水と茶葉を入れ、湯が沸騰し茶葉が完全に開いたら水と同量〜1.5倍のミルクを加え、沸騰直前に火を止めます。クリームを加えて濃厚タイプにしたり、シナモンやクローブなどスパイスを加えてスパイスティーにアレンジもできます。イギリスで定番のパンであるチェルシーバンズの濃厚な甘さに合わせて。

【マサラ・チャイ】

数種類のスパイスを入れてミルクで煮出したミルクティー。インドでは定番のスタイルで、主にシナモン、ジンジャー、カルダモン、クローブなどが使われます。カレーパンはもちろん、同じようにスパイスたっぷりのパン・デピスとの相性もよいです。

3 ワイン

リーンなフランスパンはワインとの相性が抜群。甘いパン生地とではワインの味わいがぼやけてしまったりする場合がありますが、バターをたっぷりと使ったリッチな配合のブリオッシュ、クロワッサンなどは、乳脂肪分とワインのハーモニーが楽しめます。

ワインの基本

ワインとはブドウの果実、または果汁を発酵させて造った「ブドウ酒」のこと。歴史上古くからヨーロッパ周辺地域で造られ、常にパンとともに食卓にありました。伝統的産地の代表はフランス、イタリア、スペイン、ドイツなどで、ブランド品から日常ワインまで多くを生産しています。反対に「ニューワールド」と呼ばれるエリアはアメリカ、オーストラリア、アルゼンチン、チリなどで、ワインづくりの歴史は浅くコストパフォーマンスが主力でしたが、近年は評価の高いプレミアムワインも登場しています（図 6-6）。

大きく分けてワインには、一般的に赤、白、ロゼと呼ばれる非発泡性のスティルワインと、シャンパーニュなどの発泡性のスパークリング・ワイン、ブランデーを添加してアルコール度を高めたシェリーや、ポートワインなどフォーティファイドワインの３つのタイプがあります。

図 6-6　主なワインの産地

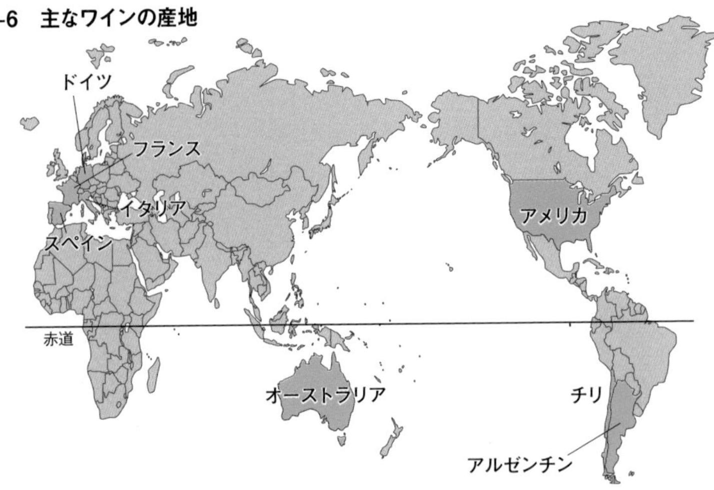

ワインの種類とパンとの組み合わせ

スティルワインの味わいの個性は、第一にワインを造るブドウの品種の違いによって生まれます。本書では基本となるスティルワインとパンの相性を学んでいきます。

【赤ワイン】

果皮が黒色系のブドウからできます。発酵の際に果皮と種を一緒に混ぜ込んで造るため、果皮の色素が移り赤いワインとなり、種からはタンニンが抽出されるため、ワインに渋味が加わります。一般には辛口です。
ワインの渋味は、ナッツや全粒粉との相性がよく、また、ワインと同系色のフルーツ、レーズンやプルーンなどを使ったパンとの相性も抜群です。

【白ワイン】

果皮が緑色系もしくは黄色系のブドウを使います。果皮や種を取り除いて発酵させるため、色が透明ですっきりした味わいとなります。甘口、辛口のスタイルがありますが、甘口ワインのほとんどは白ワインです。
白ワインは少し酸味のあるライ麦パンと相性が抜群です。また、同系色のオレンジやレモンなど柑橘系のフルーツを使ったパンもワインの香りに同調効果を与えます。

【ロゼワイン】

一般的には濃い赤ワインと同じように黒色系のブドウをつぶして発酵させますが、途中色づいたところで果皮や種から分離させ、ほどよい色とタンニンのワインに仕上げます。または赤白用のブドウを混ぜて発酵させて造る方法などもあります。色は名の由来どおりのピンクのバラ色や、サーモンピンクなど。
甘口辛口ともに、根菜系の料理との相性がよく、甘口ならカレーパンに合わせると、甘さと辛さの対比効果が楽しめ、辛口ならポテトフランスなどがぴったり。

ワインを造る主なブドウの品種

【白ワイン】

・**シャルドネ**

世界的に使われている辛口白ワインを代表するブドウ品種。デイリーから最高級品までそろいます。

フランスのブルゴーニュ地方のものが秀逸とされ「シャブリ」や「ムルソー」が有名。香りの個性はやさしく上品で、黄色いリンゴやパイナップルの香りから、熟成したものはバターやヘーゼルナッツの香りへと移っていきます。一般的にクリーミーな食材との相性がよいとされ、カジュアルなものはポテトサンドなどに、重厚感のあるハイクラスなシャルドネには濃厚なグラタンなどがよいでしょう。

・**ソーヴィニヨン・ブラン**

フレッシュ&フルーティーな白ワインを造る品種として代表格。青草やグレープフルーツの香りは、ハーブやトマト、アサツキなどの野菜と、またヤギのチーズとの相性がよいようです。ハーブを使ったパンや、トマトとバジルのカスクルート、アサツキとクリームチーズのペーストなどと組み合わせてさわやかさを共有しましょう。

・**リースリング**

青リンゴにたとえられる芳醇な香りが特徴で、ドイツやフランス・アルザスで秀逸な白ワインを生みます。日本で一般的に知られるドイツの甘口スタイルは、リンゴの香りと甘酸っぱい味わいで、アップルパイとの相性はいうことなし。辛口スタイルで有名なアルザスのワインは、アフターフレーバーの豊かさから、クセの強いチーズや中国料理、エスニック料理にも相性がよいとされています。キーマカレーパンやエビチリのピタサンドにもおすすめです。

【赤ワイン】

・**カベルネ・ソーヴィニヨン**

重厚な味わいで世界中から支持される最高峰の赤ワイン用ブドウ品種。フランス・ボルドー地方のものが秀逸でプラムやカカオの風味を持つ長期熟成型のワインが造られますが、南仏やニューワールドではカジュアルなものも。一般に牛肉との相性がよいとされます。ローストビーフのサンドイッチや、プラム入りの全粒粉のパンにバターをたっぷり塗って。

・**メルロー**

やはりフランス・ボルドー地方で著名な品種。ミルクを思わせるまろやかな香りと、ブルーベリーのような味わいの親しみやすさが人気。カマンベールチーズとバゲットの組み合わせなど、ワインのコクとミルキーさが合わせやすいとされています。アメリカ・カリフォルニア州のメルローは果実味が濃くフルーティーなタイプが多く、照り焼きソースのチキンバーガーなどとも相性がよいでしょう。

・**ピノ・ノワール**

フランス・ブルゴーニュ地方で造られる秀逸なワイン。世界最高峰のワイン、ロマネ・コンティの品種としても有名。カジュアルなものはイチゴやチェリーのような可愛らしい味わいがありますが、上級品が熟成すると、なめし皮や土っぽさなど底の知れない風格を帯びます。カジュアルなものはソーセージロールと楽しめます。香り高い高級品はフォアグラのローストに、トリュフとトーストしたブリオッシュを添えた料理など、やはり香りの豊かな逸品と絶妙な相性です。

ワインのグラス

ワインを試飲し味わいを確かめることをテイスティングと呼びますが、その際には透明で足つきの国際規格にのっとった大きさのグラスを使うことが決められています。色がよく見えること、脚や台の部分を持つことで手からワインに温度が伝わらないようにすること、味わいの感じ方に違いが出ないようにグラスの形状を同一にするという配慮からです。家庭では自由ですが、色もワインの楽しみのひとつ。透明なグラスを使いましょう。

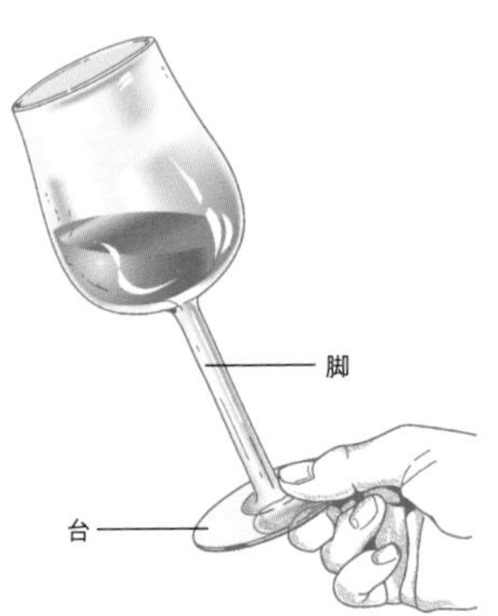

ワインの保存

ワインは長くおくことで味わいに変化が生まれます。しかし、オートメーションで造られたカジュアルなタイプは、熟成により味わいが深まることはほとんどありません。ワインの保存期間と価格は比較的比例するものです。一般に1000円前後のワインは1年以内に飲んでしまったほうがよいでしょう。5000円くらいまでのワインなら白は3年、赤は5年から20年はよい状態を保ちつつ、熟成による味わいの深まりを期待できます。

ワインを保存する場所は、温度が25℃を超えず直射日光が当たらないところ。またコルクの乾燥をふせぐように横に寝かせて保存しておくことが必要です。冷蔵庫の野菜室や床下収納もよいようです。ワインを開けたならコルクを戻して冷蔵庫に入れておきましょう。大抵のワインは3日間くらいは楽しめます。

4 その他の飲み物

パンと楽しむ飲み物はそのほかにも無数にあり、組み合わせの楽しみも数えきれません。しかし、食べ合わせのルールを少し知識としてもっておくと、パンの味わい方もより深くなるでしょう。

マリアージュの効果を考える

フランスでは、ワインと食事の相性のよさを「マリアージュ」という言葉で表現します。よいマリアージュとは、ワインと食事の味わいのハーモニーが絶妙ということ。日本語では、味覚心理学の用語に「混合味」という学術用語があり、食べ合わせの「味覚の効果」には３つのタイプがあるとされています。３つの効果をパンと飲み物のマリアージュに応用してみましょう。

【対比効果】

甘いスイカに塩を使うと、より甘味を強く感じるように、異なった味の存在によってどちらかの個性を引き立たせる効果。

（例：イチゴ牛乳＋カレーパン、甘口ワイン＋ブルーチーズ入りパン）

【抑制効果】

苦味の強いコーヒーに砂糖を加えると苦味が弱く感じるように、異なった味の存在によりどちらかの個性をやわらげる効果。

（例：抹茶＋シベリア、オレンジジュース＋カツサンド）

【相乗効果】

似たもの同士のフレーバーを合わせることにより共通の味をより強く感じる効果。

（例：ココア＋チョコクリームコロネ、ガーリックスープ＋ガーリックラスク、
コーンポタージュ＋コーンパン、野菜ジュース＋トマトサンド）

これらを理解しながら、さまざまな飲み物とパンの相性を楽しむとより一層パンの世界が広がることでしょう。また３つのほかに、「中国茶」と「肉まん」のように「同郷のもの」を合わせると、無理のない組み合わせになるようです。また食感のおもしろさから、ビールや刺激的な炭酸飲料にカリッとしたグリッシーニやプレッツェルの組み合わせなども考えられます。

第6章　練習問題

問1 **コーヒーの木のうち生産量が最も多く、味わい、質ともに優れているとされる原種は次のうちどれか。**

1. リベリカ種
2. ロブスタ種
3. アラビカ種
4. カネホーラ種

問2 **ペーパードリップを使ってコーヒーを淹れる際、ふさわしい淹れ方はどれか。**

1. コーヒーの粉を入れたら一気にお湯を注ぐ
2. コーヒーの粉を入れたらゆっくりとできるだけ時間をかけて注ぐ
3. コーヒーの粉に湯を注ぐ時は「の」の字を書くように細めに注ぐ
4. 湯を注ぐ時にフィルターの内側にできるコーヒーの粉の壁はなるべく崩すようにして注ぐ

問3 **次のうちミルクと相性がよくミルクティーに適するとされる紅茶はどれか。**

1. アッサム
2. ラプサンスーチョン
3. ジャワ
4. ダージリン

問4 **赤ワインに合わせてパンを選びたい。一般に合わせやすいとされるパンを次のうちどれか。**

1. メロンパン
2. バターロール
3. プラム入りのカンパーニュ
4. フレッシュオレンジのデニッシュ

問 5 **パンと飲み物の相性を考える上で、似た傾向の味わいを合わせることにより共通の味わいをより深める効果をなんと呼ぶか。**

1. 対比効果
2. 相乗効果
3. 抑制効果
4. 甘味効果

問 6 **下記はコーヒーの生産国として特に有名な 4 つの国のうち現在コーヒーの生産量が最も少ない国を選べ。**

1. ベトナム
2. ブラジル
3. コロンビア
4. エチオピア

問 7 **下記のうち紅茶を楽しむために、最も適しているとされているカップを選べ。**

1. たっぷり飲める大きめのマグカップ
2. 土の質感のあるどっしりとしたる益子焼きの陶器製カップ
3. 保温性のよい厚めのガラスのカップ
4. シンプルで白い磁器製のややうすいカップ

第６章　解答解説

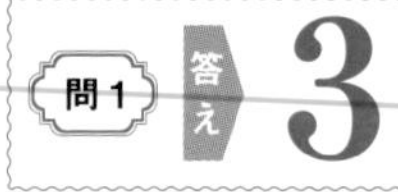

コーヒーの木はクチナシと同じアカネ科の常緑樹で、現在飲まれている品種はアラビカ種、ロブスタ種、リベリカ種の３種。最も多く栽培されているのがアラビカ種で味わい香りともにすぐれている。（詳細→ P159）

ペーパードリップでコーヒーを淹れる際、１回目の注入後、20 ～ 30 秒程の「蒸らし」の時間をとる。次に２回目の注入では細めの湯で「の」の字を書くように粉の中心から注ぐ。フィルターの内側にできる粉の壁は崩さないように注意する。（詳細→ P168）

アッサムティーはその深みのある赤い水色と濃厚な風味、香りのよさから世界中で愛飲されている。濃厚なおいしさはストレートでも楽しめるがミルクを加えても風味が落ちないのが特徴。（詳細→ P175）

ワインとパンの組み合わせを考える時は、ワインと似た色合いの素材を使ったパンを合わせると一般によい相性が楽しめる。（詳細→ P181）

味わいの組み合わせの効果にはいくつかあるが、似たもの同士の組み合わせにより、味わいを深める相乗効果を狙うと比較的失敗が少ない。（詳細→ P185）

ブラジルはコーヒーの生産量はトップ、コロンビアとベトナムがそれに続く。エチオピアはコーヒーの原産地。（詳細→ P159）

ティーカップは冷めないように保温性が大切で、素材としては陶器や磁器が向いている。ただし、紅茶の繊細で複雑な風味を味わうためには薄手の磁器製のほうが適している。（詳細→ P178）

第7章
天然酵母を知る

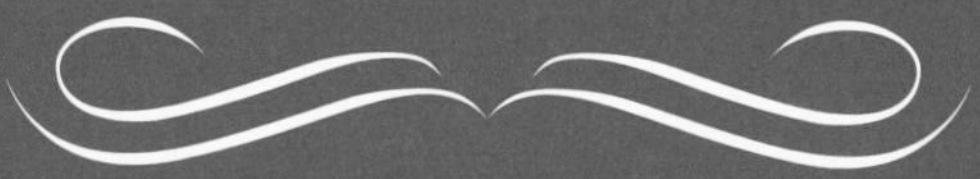

最近、パンの情報誌などで
天然酵母の話題を多く見かけます。
またベーカリーなどでも「天然酵母パン」という
看板や商品をよく目にします。
では天然酵母とはいったいどういうものなのでしょう。
この章では酵母・発酵のメカニズムを知り、
実際に天然酵母を使って
パンを作ることを学んでいきます。

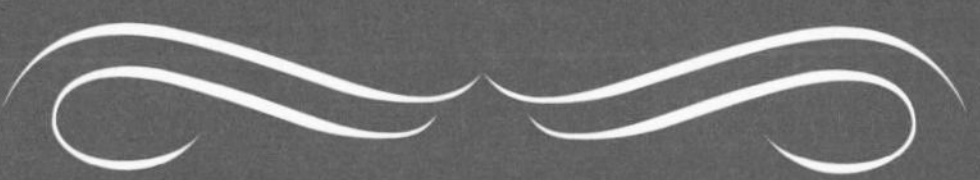

1 酵母とは

酵母とは微生物であり、微生物は真核微生物と原核微生物に大別されます。酵母は真核微生物に属しカビ類などと同じ仲間です。原核微生物の代表的なものは細菌です。酵母のほうが細菌よりも大きく進化した生命体です。酵母はパンや酒類を人類にもたらした有益な微生物といえるでしょう。

表 7-1 酵母の自然界での位置付け

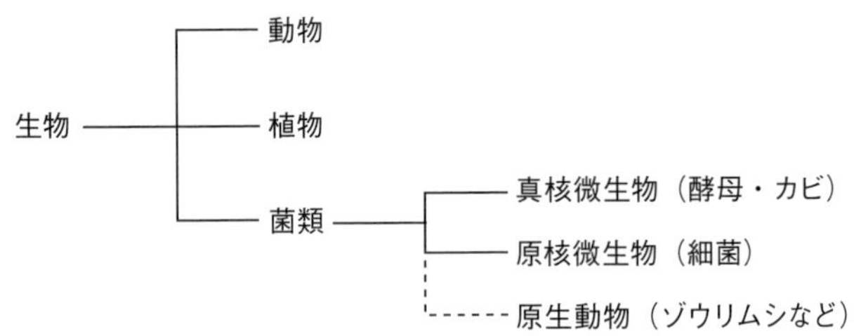

イーストとは

酵母とは微生物であり、肉眼で見ることはできません。1680 年に、オランダのアントニ・ファン・レーウェンフック氏による顕微鏡の発明で酵母が発見されました。ビールを顕微鏡で調べ、その中の球形または長円形の微粒子状のもののスケッチを残しています。これがパン生地の中からも発見され、酵母の研究が進んでいきました。

酵母の形状は基本的には球状または卵形で種類によっては長円形、レモン形、糸状形などもあります（図 7-1）。大きさは短径が 3 ～ 7 ミクロン※、長径が 4 ～ 12 ミクロンといわれています。1 個の細胞が独立した生命体をもち、出芽法によって増殖する単細胞微生物です。

酵母の種類は非常に多く、何百種類もあるとされていますが、パン酵母として最も適しているのがサッカロミセス・セルヴィシエ菌と呼ばれる菌種で、いわゆるイーストとはこの菌を純粋培養したものです。

本書では以降、パンに適した酵母としてパン酵母、または酵母と表記します。パン酵母は至る所にすんでいるといってよく、リンゴ・ブドウ・梨などの果物、小麦・米・イモ・豆などの穀類、木やハーブなどの葉・枝・花などの中に存在し、また空気中にも浮遊しています。

※ 1 ミクロン＝ 1000 分の 1㎜

図 7-1 走査電子顕微鏡で見たイーストと天然酵母

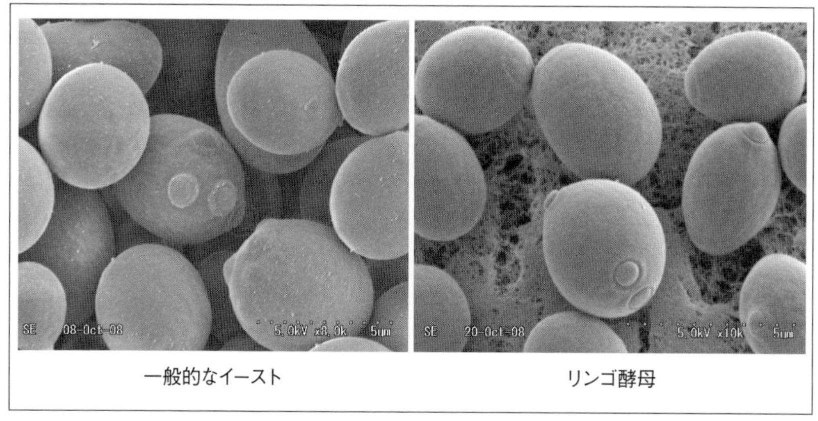

走査電子顕微鏡でみた酵母

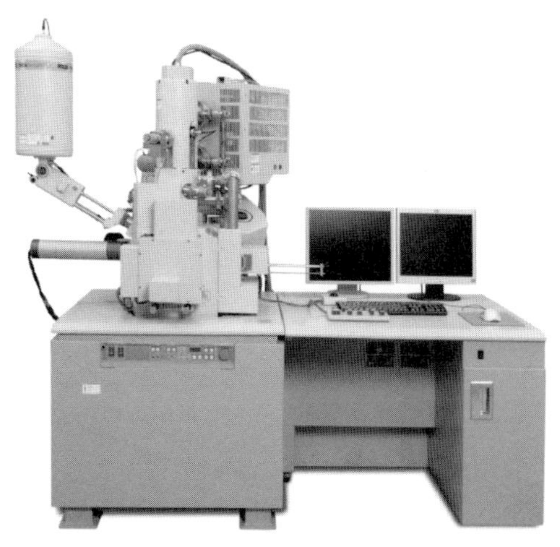

日立走査電子顕微鏡 SU6600

イーストと天然酵母

この自然界のあらゆる場所に存在するパン酵母に適度な温度のもと、適量の酸素と水分と栄養が供給されると、タンパク質を合成し、増殖します。増殖し続ける元気な酵母菌をパン生地に練り込むと、活発に発酵作用が起こり、膨らんだパンが焼き上がります。しかし、酵母は生き物なので品質としては不安定で、パンのできとしてはムラがあります。発酵力が強く、一定の高品質のパンを一度にたくさん作ることを可能にするために研究が進み、生まれたのがイーストです。

イーストは、主原料としてサトウダイコンからとれる糖蜜と少量の麦芽を使い、副原料として硫安・尿素・アンモニア水・過リン酸石灰・硫酸マグネシアなどを用います。これに種酵母として、サッカロミセス・セルヴィシエ種の菌株を選んで無菌的に培養をくり返し、精製して作られます。イーストは天然（野生）の酵母菌の中から発酵力が安定して強いものだけを選び、工業的に作られたものといえます。

これに対し、日本では「天然酵母パン」という呼び名のパンが売られていますが、この「天然酵母」とはどういうものでしょう？　天然酵母とは、果物・穀物・葉や花などに存在している酵母菌を自然培養したものです。では、同じく自然（天然）の酵母菌から選んだイーストとはどう違うのでしょう。

表 7-2 イーストと天然酵母の特徴比較

		酵母の特徴	製パン上の特徴
パン酵母	イースト ・生イースト ・ドライイースト ・インスタント ドライイースト	発酵力の強い酵母を工業的に純粋培養精製 ・発酵生産物や乳酸菌などを排除 単一酵母	発酵力大 短時間 大量生産可能 風味は単一 イースト臭 老化がやや早い 成形多様可能
	天然酵母 ・簡易天然酵母（市販） ・自家製酵母	自然界の種々の酵母を自然培養 ・発酵生産物や乳酸菌などを含む 複合酵母	発酵力がやや不安定 手間がかかる 長時間発酵 風味豊か 個性豊か 老化が遅い

前ページの表でイーストと天然酵母を比べてみましょう。どちらも自然の原料から採取した酵母なので対照的とはいえないようです。ヨーロッパではこのような分類はしていません。ここでの天然酵母は「発酵種」などと呼ばれています。

しかし、両者には大きな違いがありました。単一酵母と複合酵母という点です。イーストは製造過程で強い酵母だけを選び、それ以外の発酵生産物などを排除して培養しているので「単一酵母」と呼ばれています。一方、天然酵母は自然培養過程で混在している微生物（乳酸菌・酢酸菌など）が製パン時に有機酸を作り出し、独特の風味と個性を出しています。こちらは「複合酵母」と呼ばれています。また、天然酵母はその原料も多種類なので、使う原料によってパンの個性や違った風味が出てきます。
このように単一酵母と複合酵母の違いは、そのまま製パン上の特徴の違いとなるのです。

本書では、酵母の呼び方を表 7-2 のように工業的に作られた単一酵母をイースト、それに対して複数の酵母を含み、自然培養されたものを天然酵母と表記します。さらに天然酵母のうち乾燥状態で市販されていて、より簡単に種おこしができるものを簡易天然酵母（市販）、自然界にある酵母をその原料そのものから自然培養して作ったものを自家製酵母とします。

菌が主役！のマンガ『もやしもん』

農学部の1年生で種麹屋（もやし屋と呼ばれる）の次男が主人公。彼は菌やウイルスが肉眼で見え、会話したりつかめたりする能力があります。しかし、さまざまな菌たちがユニークなキャラクターとして登場し、彼らが主人公ともいえる人気のマンガ。

菌はパン酵母をはじめ、酒や醤油の醸造には欠かせないものですが、最近の健康指向などからピロリ菌やビフィズス菌など菌類が身近になっていることで脚光をあびることに……「かもすぞー」というセリフも人気です。
テレビアニメやドラマにもなって人気を博しました。

©石川雅之／講談社

第7章 天然酵母を知る

2 発酵のメカニズム

人類は古く発酵という概念のない時代から発酵食品を考え出し、生活にとり入れてきました。発酵食品は保存性が高く、栄養価も上がることを自然と学んでいたのでしょう。では発酵とはどういうものでしょう？

発酵とは？

「発酵」とは酵母・カビ・細菌などの微生物のうち、人類に有益なものが食品中の有機物質を分解して自らの生命・増殖活動を行うことです。同じ活動でも人類に有害な場合は「腐敗」と呼ばれます。発酵を利用した食品には次のようなものがあります。

表 7-3 主な発酵食品と関係する菌類

食品	関係する主な微生物
日本酒	麹カビ、酵母
ビール	酵母
ワイン	酵母
パン	酵母
チーズ	乳酸菌、プロピオン酸菌、青カビ
味噌	麹カビ、酵母
醤油	麹カビ、酵母、乳酸菌
食酢	酢酸菌
漬け物	乳酸菌、酵母
納豆	納豆菌
ヨーグルト	乳酸菌

発酵とパン

ここでもう一度、パンの起源について思い起こしてみましょう。紀元前 6000 年頃、人類最初のパンはメソポタミアで生地をうすく焼いたガレットでした。粉に水を混ぜてすぐに焼いたので「無発酵パン」といいます。これに対して、現代の膨らんだパンを「発酵パン」と呼びます。起源は紀元前 4000 年頃のエジプトで無発酵パンの生地を焼かずに放っておいた結果、空気中の浮遊酵母が落下して膨らみのあるいつもよりおいしいパンができました。人々は「神様の贈り物」と喜んだそうです。

この頃、すでにビールの発酵種は作られており、発酵種をパンに加える発想も生まれました。

このように、発酵パンの歴史は遠く 6000 年前に遡りますが、酵母と発酵の関係が確立されたのは 19 世紀後半になってからです。

17 世紀末の顕微鏡の発明で酵母の存在が確認されましたが、発酵との関連性は論じられませんでした。19 世紀に入り、パンの発酵は酵母の働きであるという説が出ましたが、当時の化学者は糖分が分解する変化は化学反応の結果であるとして、これを否定しました。これらの論議に終止符をうったのがフランスの生物学者ルイ・パスツール氏でした。1876 年、彼は酵母の培養実験により、酵母が生命・増殖活動として糖分を分解してアルコールと炭酸ガスを生成することを立証しました。これをアルコール発酵といいます。

ルイ・パスツール（1822 ～ 1895 年）
フランスの生化学者、細菌学者。
酵母の研究のほか、ブドウ酒腐敗原因菌の研究から、ワイン、ビールや牛乳の腐敗を防ぐ低温殺菌法を開発。またワクチンの予防接種を開発し、狂犬病ワクチン、ニワトリコレラワクチンなどを発明した。

（写真：アフロ）

パンの発酵のメカニズム

アルコール発酵のメカニズムの解明によって、発酵パンの定義も次のように確立していきました。

❶主材料の小麦粉・水・塩に酵母が加わること

❷酵母の活動に適した温度などの条件のもとで生地を作ること

❸同じく好条件のもとで発酵の過程を経て、成形・再発酵・加熱されること

主材料の小麦粉は生地中でグルテン膜を作り、アルコール発酵で生成される炭酸ガスを保持してパンを膨らませせることはすでに学びました。
では、パン生地内部が発酵の過程で変化する様子をみていきましょう。

【生地こね終了時の生地の内部】

・**グルテン膜**
タンパク質と水が結合し、水和しています。粘弾性のあるよいグルテンができています。

・**酵母**
酵母が水分にふれ、好条件のもとで活性化して、発酵し始めます。

・**酸素の核**
生地こねの過程で取り入れられた空気中の酸素が核を作ります。核は発酵中に気泡を作る時、その中心となります。

完成した生地を切って断面を見ると、肉眼でも核を見ることができます。

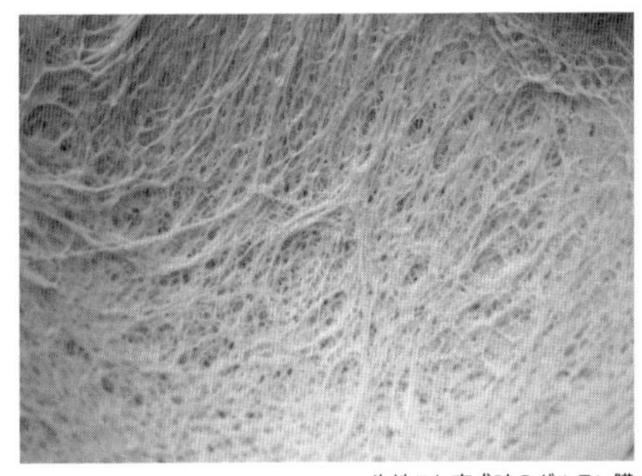
生地こね完成時のグルテン膜

【一次発酵中の生地の内部】

酵母の発酵が盛んになります。生地中の糖分を分解して炭酸ガスとアルコールを生成します。この炭酸ガスが核に集まり、気泡を作ります。グルテン膜がうすく伸びて、この気泡を支えるとパン生地は膨らみます。

一次発酵時の生地断面

一次発酵終了時、生地が３倍に膨らんでいる時に、生地を切って断面をみると、この様子がわかります。グルテン膜はうすく互いにからまり、たくさんの気泡を包んでいます。これを、グルテンの網目構造といいます。

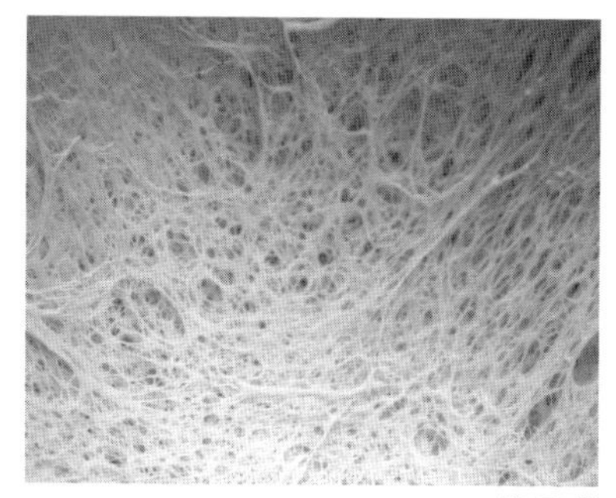

グルテン膜

よいグルテンができていると、このあとのガス抜き・成形の過程でさらにうすいグルテン膜を作り、気泡の数が増えて、炭酸ガスは保持されます。
焼成時、気泡はすだちとなり、たて横にきれいに並びます。

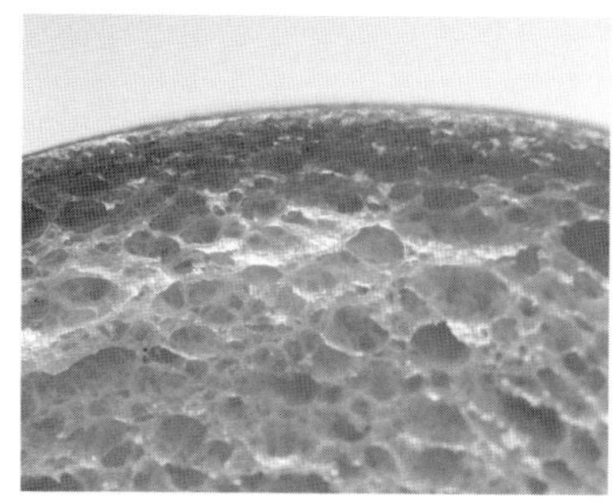

焼成後のすだちの様子

3 酵素について

酵素とは生物体内の代謝に関わる物質で、酵母の発酵活動にも重要な役割を持っています。

パン生地中のアルコール発酵と酵素

【糖類の構造と分類】

パン生地中の酵母が発酵し始めると、酵母が持つ酵素によって生地中の糖を炭酸ガスとアルコールに分解しようとします。しかし、この時の糖は、単糖であるブドウ糖か果糖でなければいけません。糖類は鎖がつながった構造をしていて、その数とつながる形によって単糖類・二糖類・多糖類に分類されます。発酵のメカニズムは、糖の分類をみておくと理解しやすいでしょう（表7-4）。

表7-4 糖類の種類

糖類	【単糖類】 鎖は1つ これ以上は分解できない	・ブドウ糖 ・果糖 ・ガラクトース
	【二糖類】 単糖が2つ結びついたもの	・ショ糖（ブドウ糖＋果糖） 砂糖の成分 ・麦芽糖（ブドウ糖＋ブドウ糖） ・乳糖（ブドウ糖＋ガラクトース）
	【多糖類】 単糖が3つ以上 たくさんつながったもの	・でんぷん ・デキストリン（糊精） ・セルロース（繊維素）

【パン生地中の酵素による糖の分解】

酵母は生地配合中の砂糖の成分であるショ糖に作用し、酵母中に含まれる酵素インバターゼの働きで、ブドウ糖と果糖に分解します。そしてさらに同じく酵母中に含まれる酵素チマーゼが、ブドウ糖と果糖を炭酸ガスとアルコールに分解します。
この一連の酵母の活動が基本的なパン生地のアルコール発酵のメカニズムです。

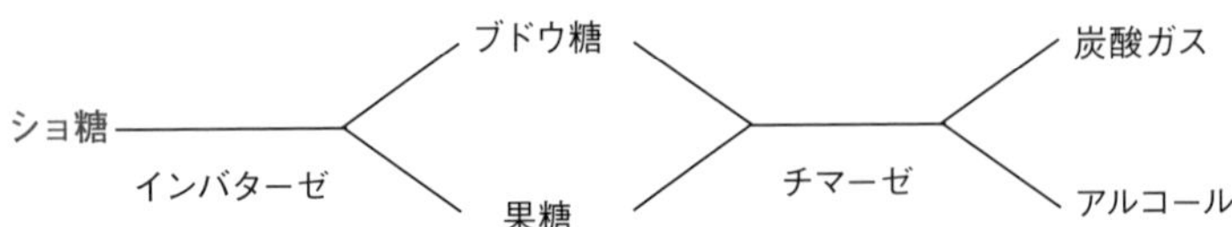

しかし、パンには砂糖の量が少なかったり、砂糖がまったく入っていないものがあります。この場合、酵母は小麦粉に含まれるでんぷんを分解して発酵します。しかし、でんぷんは多糖類であり、酵母中には多糖類を分解する酵素がありません。そこで酵母はまず、小麦粉中に含まれるでんぷん分解酵素の力で、でんぷんを麦芽糖にまで分解します。

小麦粉中のでんぷんには、製粉の際の摩擦熱などで一部が変性した損傷でんぷんが少量（10%くらい）含まれていますが、この損傷でんぷんには多くの酵素が含まれているので酵母の栄養源になり、発酵を助けてくれます。

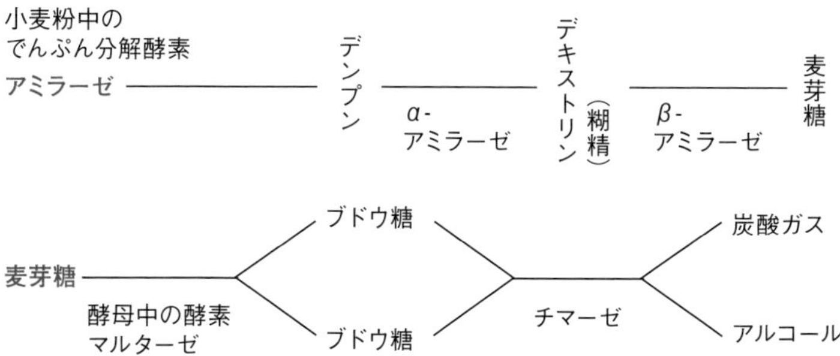

でんぷんは長い鎖状で、α-アミラーゼによっていったん短い鎖状の中間物質であるデキストリンに分解されて、さらにβ-アミラーゼによって二糖類の麦芽糖に分解されます。麦芽糖は酵母中に含まれる酵素マルターゼによって、２つのブドウ糖に分解され、チマーゼによって炭酸ガスとアルコールに分解されます。

【その他の栄養素の分解】

生地中のタンパク質と脂肪も酵素によって分解され、それぞれの役割を果たします。

表 7–5　タンパク質分解酵素（プロテアーゼ）

酵素名	分解変化
パパイナーゼ	タンパク質 → アミノ酸
ペプチターゼ	ペプチド → アミノ酸
働き　・パンの生地を熟成させる ・生地の伸びがよくなり炭酸ガス保持力を高める	

表 7–6　脂肪分解酵素（リパーゼ）

酵素名	分解変化
リパーゼ	脂肪 → 脂肪酸／グリセリン
働き　・グルテンをやわらかくする ・フレーバーをよくする	

酵母の発酵による活動は、すべて酵素の働きの助けを借りて行われます。パンづくりの工程において、よい環境でタイミングよく酵母の発酵活動が進められることが成功のカギといえます。

4 いろいろな天然酵母

天然酵母には市販のものと自家製のものがあり、どちらも種おこしをすると個性豊かな酵母になります。

市販の天然酵母及び発酵種

天然酵母や発酵種には、自然培養された酵母が乾燥後市販されているものがあり、自家製酵母に比べて簡単で手軽に天然酵母の味わいが楽しめます。その長所には次のようなものがあります。

❶酵母は乾燥状態で市販されているので、長期保存が可能

❷使いたい量だけ種に水分を加えておこすと、比較的短時間で生地づくりに使える

❸自家製酵母に比べ安定性があり、失敗が少なくパンづくりができる

次にいくつかの市販されている天然酵母、発酵種の原材料（培地）とその特色を紹介します。

【ホシノ天然酵母パン種（発酵種）】

日本古来の醸造技術によって作られた、製パン用の発酵種です。麹と酵母の並行複発酵より、パンに独特の旨味が生まれます。安定した発酵力があり、食パン、バゲット、菓子パン、ピザなど幅広く使用できます。種おこしは24時間で、その後冷蔵保存できます。

第7章 天然酵母を知る

【あこ有機栽培酵母®】

原材料は小麦と米です。種おこし30～36時間で、その後冷蔵保存できます。シンプルな穀物培地で培養した有機栽培酵母®で、くせがなく、小麦粉の香りを生かしたパンが作れます。ストロングタイプとライトタイプがありますが、初心者はストロングタイプがよいでしょう。安定しており、オールマイティに使えます。

【オリジナル酵母】

原材料は小麦・米・ブドウ酵母です。種おこしは24時間で、その後冷蔵保存できます。穀物と果実の深みのある風味が特徴です。あらゆるパンに安定した発酵力を示します。

【白神こだま酵母】

秋田県白神山地の腐葉土から採取された酵母を培養したもので、ぬるま湯で5分間おこしてすぐに使えます。

【パネトーネマザー】

イタリア・コモ湖周辺に浮遊する酵母を400年種継ぎしてきた歴史のあるパネトーネ種を元種にして作ったものです。乳酸菌を含み、パンがかたくなりにくいのが特徴です。イーストが添加されていて、ぬるま湯で5分間おこしてすぐに使えます。どちらかといえば、菓子パンに向いています。

当然ですが、どの酵母も培地の配合や酵母の製造は企業秘密です。自家製酵母に挑戦する前に、これら市販の天然酵母でパンを作ってみるのもよいでしょう。

自家製酵母

自家製酵母は自然界の至る所にすんでいる酵母菌を、その原材料（培地）からおこして培養・種継ぎを行って作ります。代表的なものには、ドライフルーツの中で発酵力の強いレーズン種、ライ麦だけでおこすサワー種、受粉する前のホップの花を使うホップ種、米と麹で起こす酒種などがあります。種を培養する原材料となるものを培地といいます。培地に適したものには、次のような種類があります。

【ドライフルーツ】

レーズン・干し柿・ドライアプリコット・セミドライプルーン・セミドライフィグ

一般的には、糖度が高い培地を選ぶほうが酵母はおきやすく、特にドライフルーツは糖分が凝縮されているので、初心者に向いているといえます。水分が少ないので、腐敗菌・カビが発生しにくい利点もあります。新しいものを洗ってから使いましょう。
レーズン種は、ベーカリーでも使われており、カンパーニュやライブレッドなどに向いています。

【生のフルーツ】

リンゴ・梨・ブドウ・柿・ヤマモモ・バナナ・イチゴ・イチジク・メロン・ミカン・ブルーベリー

さまざまな季節の果物から酵母をおこすことができますが、難易度もさまざまです。比較的おこしやすいのは、リンゴ・イチゴ・柿・モモなどで、反対にむずかしいのはメロン・梨などです。
リンゴ・イチゴの種は甘い香りがあるので菓子パン・ベーグル・マフィンの他、パウンドケーキにも向いています。
果物はよく洗ってから使います。適当な大きさに切り、多くの場合、皮や種子も含めて培地とします。

【フラワー・ハーブ・豆】

バラ・サクラ・サルスベリ・ローリエ・ローズマリー・小豆・黒豆・クコの実

難易度は高くなってきます。洗ってから使いますが、その後、乾燥させたり加熱してから使うこともあります。

【その他】

ヨーグルト・ジャム・昆布・ワカメ・紅茶葉

昆布は肉厚で繊維質がやわらかいものを、ワカメは春のやわらかいものを選びます。むずかしそうに思えますが、海洋酵母を含んでいるのでおこしやすいといえます。
ヨーグルトは、天然酵母ではほとんど使われない動物性食品ですが、乳酸菌を含んでいるのでおこしやすい材料です。

それぞれの酵母には香りや風味に個性があり、また同じ培地の酵母でも種おこしや、冷蔵で時間が経過するたびに変化してくるので、好みや作りたいパンの種類によって使い分ける楽しみがあります。

5 自家製酵母を作る

実際に自家製酵母を作ってみましょう。自家製酵母の作り方はいろいろあり、原材料の種類によっても違うことがあります。ここでは、生の果物の中でも比較的おこしやすいリンゴを使って、その一例を紹介します。

リンゴの液種づくり

【道具】

ふたのついたガラスびん。ふたはプラスチックの場合が多いです。寸胴の形が使いやすいでしょう。その他、ゴムべら、ボウル、ストレーナー（こし器）を使います。

【材料】

リンゴ	200g（1個くらい）
水	400g
ハチミツ	10g

（酵母の発酵に必要な糖分を補います）

【前準備】

ガラスびん、ふた、ゴムべらをしっかり熱湯消毒して、細菌・雑菌が入らないようにします。
ガラスびんが30℃以下に冷めたら、種をおこします。

【作り方】

①リンゴはよく水洗いし、切ります。芯には汚れがついていることが多いので、ていねいに洗っておきましょう。

②うすめのくし形に切ります。芯は取り除きます。皮と種子はついたままです。まな板と包丁も清潔なものを使いましょう。

③消毒済みのガラスびんに水とハチミツを入れてよく溶かします。そこに②を入れて軽く混ぜます。

④ふたをしめて完了です。**28℃くらいのところ**にガラスびんを置きます。

⑤温度管理は発酵器が最適ですが、発酵器がない場合は室温の中で季節に応じた場所に置きます。**夏は涼しい場所、冬は暖かい場所**といった具合です。
ただし、いつもいえることは直射日光を避けること、こたつの中など直接温度があたる場所も避けることです。部分的に高い温度になってしまうと、酵母の発育の妨げになる雑菌が繁殖する原因になります。

⑥１日に１回以上ガラスびんをふって、リンゴの浮いた部分にも水分をかけます。酸素はあまりいりませんので、ふたを開けなくても大丈夫です。

⑦環境にもよりますが、平均して３日目くらいからシュワシュワと気泡が出てきます。ガラスびんの中の様子をよく観察しましょう。

⑧リンゴはだんだん透明感が出てきて、液はうすいアメ色になってきます。少しふたを開けて匂いをかいでみます。リンゴジュースのような甘い香りから、⑦を過ぎるとワインのようなアルコール臭も出てきます。清潔な道具を使って、少し取り出してなめてみましょう。甘酸っぱく、少しワインのような味がしてきたら液種が完成です。種をおこしてから**平均して、４～５日目**です。

⑨清潔なボウルとストレーナーを使って、液とリンゴの実を分けます。この液がリンゴ酵母の液種です。
液種に強力粉を継いで、元種を作っていきます。

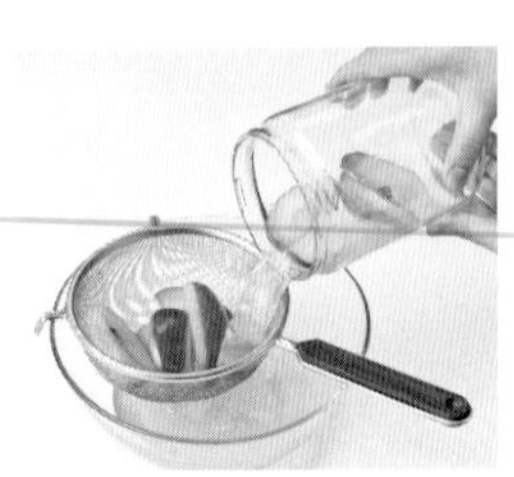

このように、原材料に水を加えて培養したものを液種といいます。液種でもパンは作れますが、不安定なので粉を継いでより安定した発酵種にします。これを種継ぎといい、できたものを元種といいます。

種継ぎと元種

【種継ぎ】

元種 A

材料

液種	300g
強力粉	300g
塩	0.4g

（※雑菌の繁殖を防ぎ、発酵を安定させます）

①熱湯消毒して30℃以下に冷めたボウルの中に、液種と強力粉、塩を入れてよく混ぜます。粉気がなくなりドロっとしてきたものが元種 A です。

②ラップをかけ、28℃のところで24時間置きます（ガラスびんに移してもよいですが、発酵するとかさが増えるので、ガラスびんの半分以下の種を入れるようにします）。時間がたつと、プクプクと小さい泡が出て全体のかさが増えてきます。
酵母が機嫌よく働いて発酵し、炭酸ガスとアルコールが発生しているのです。よい香りがしたら、発酵がうまく進んでいる証拠です。

元種 B

材料

元種 A	300g
強力粉	150g
水	120g

（※液種が残っていれば水と置き換えます）

① 元種 A の時と同じように、材料を全部ボウルに入れてよく混ぜます。粉気がなくなり、ツヤが出てきたら元種 B です。ボウルが大きければ、元種 A のボウルに強力粉と水を加えて混ぜてもよいです。

② ラップをかけて、28℃のところに 24 時間置きます。再び表面に盛んに気泡が出てきます。

③ さらに発酵が進んで炭酸ガスとアルコールが発生し、再びかさが増えます。これがピークを過ぎると少しかさが落ちついたようになります。これで元種 B の完成です。

完成した元種はすぐにパン生地の材料に加えてこね、パンを作ることができます。すぐには使わない酵母は冷蔵庫に保存し、数日のうちに使いましょう。数日がたってしまったらもう一度種継ぎをすると、泡がプクプクと活発になることも多いです。その時は種の温度を 20℃くらいに戻してから種継ぎします。
2 回の種継ぎで活性力のある安定した自家製酵母ができます。

6 自家製酵母でパンを作る

いよいよでき上がった自家製酵母を使って実際にパンを作ってみましょう。

リンゴ酵母のちぎりパン

【材料配合】

材料（天板１枚分）

強力粉	270g
強力全粒粉	30g
三温糖	30g
塩	5g
リンゴ酵母	200g
水	120g
バター（無塩）	30g

※全粒粉や三温糖は精製されたものよりもミネラル分が多く、栄養価が高いだけでなく自然に近いものと天然酵母は相性がよく、味わいに深みが出ます。

【前準備】

リンゴ酵母の種の温度も重要なので、常に**18~20℃に整えます**。泡がプクプクしています。仕込水温はリーンな生地の目安で決めましょう。
バターは冷たいペースト状態で使えるように少し室温に出しておきます。

【生地づくり】

①ボウルに強力粉 150g と三温糖を入れて混ぜ、リンゴ酵母を加えてこね杓子でさっくり混ぜます。

②仕込水を一度に加えます。こね杓子でスピーディーに混ぜます。5 分くらいはしっかり混ぜ続けましょう。

③ダマがなくなり、ねばりが出てきたら手を止めて生地の変化を確認しましょう。酵母が働き始めると表面にプツプツ気泡が出てきます。

④残りの強力粉、全粒粉、塩を加えてこね杓子または手でひとまとめにします。なめらかになるまで、よくこねたりたたいたりします。

⑤生地がさらになめらかになり、しっとりとしてグルテンができてきたら、表面を平らにして準備しておいたバターをのせて包み、生地を切るように入れ込んでいきます。

⑥再び、こねたりたたいたりします。伸びのよい、なめらかでうすいグルテン膜を持つ生地を完成させます。
きれいに丸めてとじ、湯せんの一次発酵に入れます。

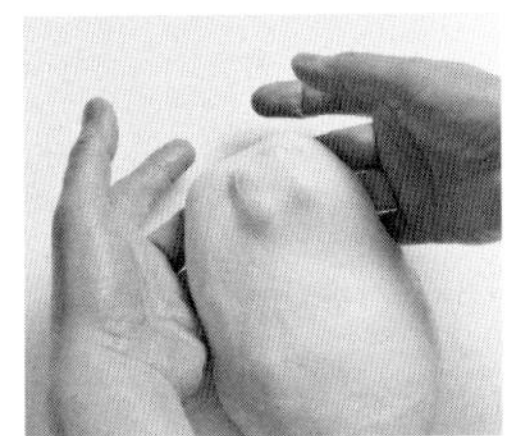

こね上げ生地温 28 ～ 30℃

発酵から焼成まで

自家製酵母パンの発酵の条件は基本的にはイーストを使ったパンの条件と同じです。違うのは発酵時間です。

一次発酵　**30℃　75%　180 分**
生地が乾燥しないように注意しましょう。冬は温度が下がりやすいので、発酵器がない場合は湯せんの湯を交換したり、ボウルを二重にしたりします。

↓

ノーパンチ　(二次発酵なし)

↓

分割　スケッパーで 12 分割します。

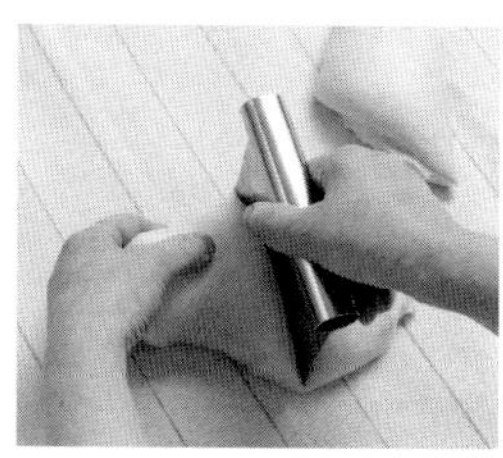

↓

丸め　天然酵母の生地はガスの発生がゆるやかなので、やさしく丸めましょう。

↓

ベンチタイム　**20 分**

キャンバスの上に丸めた生地を 12 個並べて、上からキャンバスをかけ、さらに乾かないようにぬれ布巾をかぶせて休ませます。

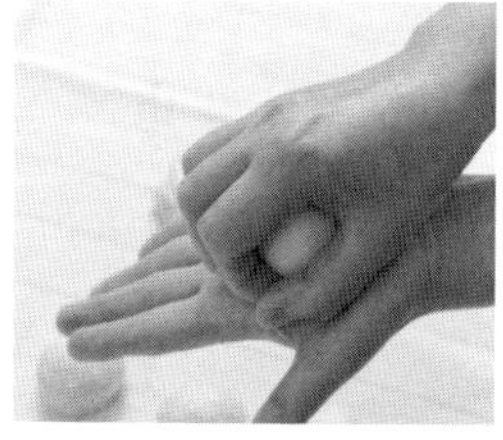

↓

成形　生地をやさしく丸め直し、しっかりととじます。天板に 12 個とじ目を下にして並べます。生地と生地の間は隣同士が少しだけつくくらいに置きます。

↓

最終発酵　**40℃　85%　60 ~ 90 分**

２倍くらいに大きくなります。

↓

焼成　全卵をハケで塗り、三温糖（分量外）をふります。

ガスオーブン　180℃　15 ~ 20 分
電気オーブン　180℃　20 分~

第 7 章　練習問題

問 1　**酵母は生物の分類で菌類に属すが、さらに分類すると次のどの分類に属すか。**

1. 原核微生物
2. 有核微生物
3. 無核微生物
4. 真核微生物

問 2　**イーストの主原料となる自然の植物は次のどれか。**

1. ブドウ
2. サトウダイコン
3. ホップ
4. コメ

問 3　**発酵は微生物の活動によって行われるが次の発酵食品のうちコウジカビが関与しないものはどれか。**

1. 日本酒
2. ワイン
3. 味噌
4. 醤油

問 4　**糖類の中でこれ以上分解できないものを単糖類というが、次のうち単糖類でないものはどれか。**

1. 麦芽糖
2. ブドウ糖
3. ガラクトース
4. 果糖

問 5 **次のパンの材料のうち、酵母の発酵を助ける酵素を含むものはどれか。**

1. 牛乳
2. バター
3. 小麦粉
4. 塩

問 6 **白神こだま酵母は白神山地の腐葉土から採取された酵母から培養しているが、白神山地のある地域はどこか。**

1. 山形県と秋田県にまたがる地域
2. 長野県と岐阜県にまたがる地域
3. 福島県と山形県にまたがる地域
4. 青森県と秋田県にまたがる地域

問 7 **液種に粉を継いでできた発酵種のことを何というか。**

1. 粉種
2. 元種
3. 熟種
4. ポーリッシュ種

第７章　解答解説

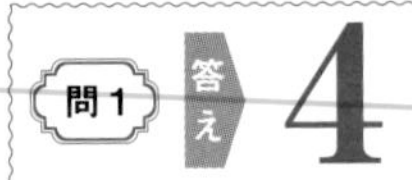

生物界は動物、植物、菌類に大別され、酵母はその菌類の中の真核微生物に属する。(詳細→ P190)

イーストはサトウダイコンからとれる糖蜜を純粋培養して作られる。(詳細→ P192)

ワインはブドウ酵母の発酵によって造られ、コウジカビは使われない。(詳細→ P194)

麦芽糖はブドウ糖が２つ結びついた二糖類である。(詳細→ P198)

小麦粉中のでんぷん分解酵素がでんぷんを麦芽糖にまで分解することによって酵母中の酵素が働き、アルコール発酵が行われる。(詳細→ P199)

白神山地は青森県と秋田県にまたがるユネスコ自然世界遺産。秋田県の総合食品研究所が自然ブナ林の野生酵母から培養した。(詳細→ P202)

液種に粉を継いで安定した種にすることを種継ぎといい、できた種を元種という。ポーリッシュ種はイーストを入れて作る水分の多い種。(詳細→ P208)

巻末付録

模擬問題

「パンシェルジュ検定」は100問の試験です。
ここに掲載するのは、実際の試験で
使われた問題です。本番の検定試験を
受ける気持ちで挑戦してみましょう。

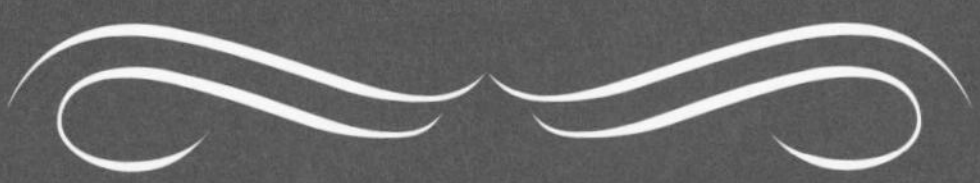

パンシェルジュプロフェッショナル（2級）

試験

全100問

試験時間60分

1. 監督員の指示があるまで、この問題を開いてはいけません。
2. 試験時間は70分です。
3. 解答用紙の受験番号欄には、必ず受験番号の下5桁をマークしてください。
※受験番号が正しくマークされていない場合は採点されません。
例・受験番号が03-13-1-06-56789の場合

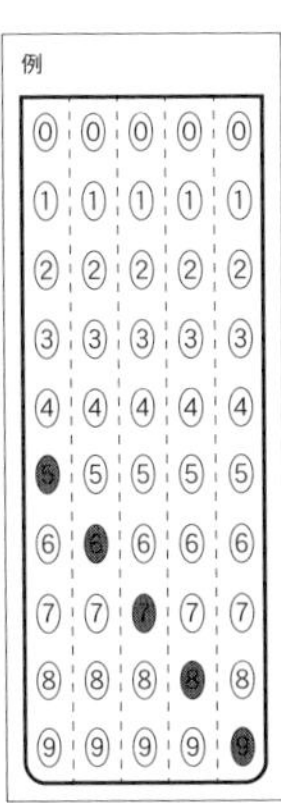

4. 試験時間中は受験票メール（申込詳細）を印刷したものもしくは本人確認書類を机の上に置いてください。
5. マークはHB以上の黒鉛筆、またはシャープペンシルで黒くぬりつぶしてください（万年筆、ボールペンなどは使わないでください）。
6. 解答は別紙解答用紙の所定の欄に記入してください。
7. 解答欄には、各設問に対して1つだけ解答してください。
8. 誤ってマークした場合は、消しゴムで完全に消してからマークをしなおしてください。
9. 解答用紙に消しくずを残さないでください。
採点時にマークを正常に読み取れない可能性があります。
10. 解答用紙を折ったり、破ったり、汚したりしないでください。
11. 監督員の指示がある場合を除き、解答用紙の所定欄、問題冊子以外への書き込みはしないでください。
12. 問題の内容については質問できません。
印刷の不鮮明なところがあった場合は、手をあげて監督員に聞いてください。
13. 不正行為が発覚した場合は、合格認定後でも合格を取り消し、以後の受験をお断りする場合があります。
14. 当検定コンテンツは、著作権法、関連条約・法律で保護されています。問題文および選択肢、画像などの無断転載、無断使用を禁じます。問題冊子や配布物の転売を禁じます。

001

山崎製パンが採り入れている、アメリカ製パン研究所の食品安全管理システムを何というか。

① AIB 世界食品安全基準
② AIB 国際検査統合基準
③ AIB 統合安全検査基準
④ AIB 米国食品管理基準

002

敷島製パンが「湯種製法」をもとに開発し、量産化を可能にして特許を取得している独自の製法を何というか。

①芳醇製法
②天然製法
③石窯製法
④超熟製法

003

もっちりとした食感が特徴の「本仕込」シリーズで知られるパンメーカーはどこか。

①第一屋製パン
②フジパン
③神戸屋
④リョーユーパン

004

次のうち、ドンクなどが採用している「スクラッチベーカリー」の説明として正しいものはどれか。

①工場で半製品化された冷凍生地を店舗へ配送、必要時に発酵・焼成するシステム
②独自の製法で添加物を一切排除してパンづくりを行うシステム
③粉から生地を仕込み成形して焼き上げるまでの全工程を一貫して行うシステム
④ベーカリーとレストランを併設し、食品ロスを最小化するシステム

005

次のうち、「景品表示法」に関する記述として正しいものはどれか。

①特定保健用食品が表示すべき項目とされている
②虚偽、誇大な表示の禁止を目的とする法律である
③別名を「JAS法」という
④アレルギー食品に関して表示を義務づけている

006

食品の期限を表示する「消費期限」と「賞味期限」で、次のうち一般的に「賞味期限」で表示される食品はどれか。

①弁当
②パン
③生菓子
④缶詰

007

1934年に現・東急百貨店の製菓工場として創業を開始した、「コーンパン」や「エクセルブラン」などの商品で知られるベーカリーは何か。

①サンジェルマン
②サンメリー
③ヴィ・ド・フランス
④メゾンカイザー

008

次のうち、ベーカリーの「ポンパドウル」に関する記述として正しいものはどれか。

①店名は、美食家として知られたフランスの音楽家の名前に由来する
②各店舗にパン工房を併設する「1店舗1工房制」をとっている
③「心くばり」を意味するフランス語「タンドレス」を指針としている
④「ベイクオフベーカリー」システムを採用している

009　次のうち、戦後の食糧難の時代のパンに関する記述として適切でないものはどれか。

①高級食品として庶民の憧れだった
②アメリカから輸入された小麦が使用された
③かまどで焼くのが一般的だった
④芋やかぼちゃを混ぜて作られていた

010　次のうち、学校給食とパンに関する記述として間違っているものはどれか。

① 1947 年に小学校児童に対する学校給食が始まった
② 1950 年、イギリスからの寄贈小麦粉により、学校給食でコッペパンが出された
③ 1952 年に小麦粉に対する半額国家補助が始まった
④ 1954 年に学校給食法が施行された

011　次のうち、1960 年代の「第一次フランスパンブーム」に関する記述として正しいものはどれか。

①脳の働きが活発になるとしてビタミン B1 が配合されていた
②表面に砂糖をまぶしたものが流行した
③給食でも提供されるようになり、子どもたちに大人気となった
④ベーカリーの「ドンク」が本格的に取り組み、全国に広まった

012　次のうち、1970 年代にオープンしたアンデルセンが販売し、ブームを起こしたパンはどれか。

①蒸しパン
②ドーナツ
③デニッシュペストリー
④コーンマヨネーズ

013

1970年代、家庭でパンを焼くことが流行し、家庭向けに「ニーダー」と呼ばれる製品が普及したが、この「ニーダー」とは何か。

①パン用オーブン
②発酵器
③パンこね機
④粉ふるい機

014

次のうち、1980年代に「ローマンミールブレッド」が人気になったことで起きたこととして正しいのはどれか。

①「フワフワ」「もっちり」という食感のパンがブームとなった
②美容や健康に効果のあるパンが求められるようになった
③通販でお取り寄せをする人が増えた
④ヨーロッパタイプのパンへの関心が高まった

015

1980年代終わりに売り出され、「ソフト食パン」というジャンルが生まれるきっかけとなった、山崎製パンの商品は何か。

①ホテルブレッド
②麦のめぐみ
③ダブルソフト
④米粉パン

016

次のうち、現在に通じるパンの多様化の第一歩が始まった1990年代に関する記述として間違っているものはどれか。

①バブル時代で、高級志向のパンが売れた
②デパ地下のベーカリーが話題になった
③天然酵母のパンが注目された
④コンビニ独自のパンが爆発的に流行した

017　次のうち、1990年代にブームとなった「ミニクロワッサン」に関する記述として間違っているものはどれか。

①チェーンベーカリーのドンクから発売され話題となった
②インターネット通販での購入が広まった
③グラム単位で購入する量り売り形式で売られた
④普通のクロワッサンより甘いのが特徴だった

018　次のうち、1990年代にブームとなった「カヌレ」に関する記述として間違っているものはどれか。

①フランスの修道院で古くから作られていた
②ポスト「クイニーアマン」として話題になった
③焼く時に、型に蜜ろうを塗るのが特徴である
④「マネケン」が有名店として知られ、長蛇の列ができた

019　2000年代に、ご当地風の味付けのものや、白い生地のものなど、さまざまなバリエーションのものが登場した、日本生まれの代表的な調理パンは何か。

①カレーパン
②コロッケパン
③焼きそばパン
④ロールサンド

020　近年、米粉を使ったパンが注目を浴びているが、次のうちその理由として適切なものはどれか。

①パン向けの米が開発された
②小麦粉価格が高騰している
③製パン性が高い
④もちもちした食感がブームとなっている

021

次のうち、近年の日本のパンの動向に関する記述として適切でないものはどれか。

①さまざまな場所でさまざまなパンが提供され、多様化してきている
②小麦粉以外の原料を使ったパンも増えている
③ご当地メニューを取り入れたパンも多種発売され人気となっている
④家庭で手づくりされるパンは徐々に減ってきている

022

次のうち、日本のチェーンベーカリーのやり方を学び、あんパンやクリームパンなど日本独特のパンが並ぶ日本式のベーカリーが増えているという国はどこか。

①韓国
②ドイツ
③フランス
④アメリカ

023

次のうち、「デュラム小麦」に関する記述として正しいものはどれか。

①一粒系に属する
②「マカロニ小麦」とも呼ばれる
③乾燥した気候の土地では育たない
④パンづくりに向いている

024

「普通小麦」は特徴によって様々に分類されるが、次のうち分類の仕方として適切でないものはどれか。

①小麦の胚乳のかたさによる分類
②小麦の表皮の色による分類
③種をまく時期による分類
④タンパク質の含有量による分類

025

次のうち、アメリカから日本に輸入され、主に菓子用として用いられている小麦の品種はどれか。

①ダーク・ノーザン・スプリング小麦
②ハード・レッド・ウインター小麦
③ソフト・ウエスタン小麦
④ノーザン・スプリング小麦

026

次のうち、国産小麦の品種が開発された順に正しく並んでいるものはどれか。

①ハルユタカ→春よ恋→キタノカオリ
②ハルユタカ→キタノカオリ→春よ恋
③キタノカオリ→ハルユタカ→春よ恋
④キタノカオリ→春よ恋→ハルユタカ

027

次のうち、現在、最も多く食べられている「普通系小麦」の原産地であると考えられている地域はどれか。

①北海沿岸
②黒海沿岸
③バルト海沿岸
④カスピ海沿岸

028

人類史上、土器の出現によって小麦の食べ方が変化したが、次のうちその変化として正しいものはどれか。

①小麦を焼いて食べるようになった
②小麦を粉にして食べるようになった
③小麦を煮て食べるようになった
④小麦をパンにして食べるようになった

029

現在行われている段階的な製粉法の基礎となっている、古くからある２つの技術は何と何か。

①ローラーミルとフルイ
②ローラーミルとサドルカーン
③ロータリーカーンとフルイ
④ロータリーカーンとサドルカーン

030

小麦の製粉で用いられる「ピュリファイヤー」とはどのようなことを行う機械か。

①左右に動くスクリーンで小石・枝を選別する機械
②大麦・オーツ麦などを取り除く機械
③粉のふるい分けを行う機械
④不純物を吹き飛ばして純化を行う機械

031

製粉した小麦は熟成期間を経て白くなり、製パン性も向上するが、次のうちこの期間中に小麦粉に起こる反応はどれか。

①糖化
②糊化
③酸化
④乳化

032

次のうち、小麦の主な成分である炭水化物の働きとして適切でないものはどれか。

①血や肉のもととなる
②仕事や運動などの活動のための力を供給する
③体内で燃焼して体温を維持する
④体内の諸器官の活動のエネルギーとなる

033

小麦胚芽は栄養価が高いなどのメリットがある一方、次のうちどのようなデメリットがあるとされるか。

①生地に加えるとパンの老化が早くなってしまう
②加工にコストがかかりすぎてしまう
③製品によっては発酵障害を起こす場合がある
④アレルギーを引き起こすことがある

034

次のうち、小麦の表皮に関する記述として正しいものはどれか。

①小麦の粒の約 2 ～ 2.5%を占める
②別名「小麦ふすま」とも呼ばれる
③ 5 大栄養素をバランスよく含む
④製粉後も小麦粉中に 10%ほど残る

035

次のうち、ライ麦パンのように不溶性食物繊維を豊富に含む食品はどれか。

①プルーン
②コンブ
③キウイフルーツ
④ゴボウ

036

全粒粉 100%の生地は製パン性が劣るが、全粒粉をパンづくりに使う場合は、小麦粉に何%程度を加えて作るとよいか。

① 4 ～ 5%
② 5 ～ 10%
③ 10 ～ 30%
④ 30 ～ 50%

037　次のうち、ライ麦粉の特徴として間違っているものはどれか。

①グルテンを形成しない
②リンやイオウなどのミネラルに乏しい
③小麦よりも食物繊維を多く含む
④必須アミノ酸のリジンを多く含む

38　次のうち、パン用米粉に関する記述として間違っているものはどれか。

①ほとんどうるち米を原材料としている
②粒子が細かい
③グルテンなどを添加する場合が多い
④和菓子製菓用と同じものである

039　小麦粉に含まれるタンパク質は7～15%だが、そのうちグルテンを作り出すグルテニンとグリアジンは合わせて約何%を占めるか。

① 25%
② 45%
③ 65%
④ 85%

040　次のうち、焼き上がったパンが冷め、さらに時間がたつと固くなる現象に関与している変化はどれか。

①固化
②β化
③糊化
④乳化

041

パンのフレーバーを生成する「メイラード反応」とは、アミノ化合物とカルボニル化合物が加熱によって反応し、何という物質を生成することか。

①カラメリゼ
②デキストリン
③メラノイジン
④アミノ酸

042

次のうち、カリフォルニアレーズンに関する記述として間違っているものはどれか。

①原産国はアメリカである
②最もポピュラーにレーズンと呼ばれる種類である
③品種はトンプソン種である
④色は淡いグリーンで、形はやや細長い

043

次のうち、ドライフルーツの英語名と日本語名の組み合わせで間違っているものはどれか。

①アップル（英）- リンゴ（日）
②クランベリー（英）- ツルコケモモ（日）
③フィグ（英）- アンズ（日）
④ストロベリー（英）- イチゴ（日）

044

ブリオッシュ生地にレーズンやオレンジピールなどを練り込んだ「クグロフ」といえば、どこの国のクリスマスで食べられるパンか。

①フランス
②イギリス
③ドイツ
④イタリア

045　パンにもよく使われる、えんどう豆を原材料にした緑色のあんを何というか。

①抹茶あん
②うぐいすあん
③若草あん
④めじろあん

046　次のうち、リラックス効果を促し、疲労回復に有効であるとされる、チョコレートに含まれる成分はどれか。

①アントシアニン
②コンドロイチン
③ルチン
④テオブロミン

047　次のうち、一般的な「クロックムッシュ」でトッピングとして使われる食材はどれか。

①バジルペースト
②スモークサーモン
③トマトソース
④ナチュラルチーズ

048　脂質を多く含む他のナッツとは異なり、成分の半分近くをでんぷんが占めるというナッツは次のうちどれか。

①マロン
②松の実
③アーモンド
④ヘーゼルナッツ

049　次のうち、フィリングの方法のひとつ「巻き込み」を行うタイミングとして適切なのはどれか。

①生地づくりで、材料を混ぜる段階
②生地づくりで、生地が完全に出来上がった段階
③成形（型）の時
④焼成後の仕上げの時

050　タイガーブレッドを作る際、焼成前に、表面の独特の模様を出すために塗るペースト状の材料は何か。

①粉砂糖
②片栗粉
③全粒粉
④上新粉

051　次のうち、仕上げ材料の「アイシング」の説明として正しいものはどれか。

①アプリコットジャムを少しゆるめたもの
②チョコレートを仕上げ専用に扱いやすく作った材料
③砂糖に水分を加えて作る「砂糖の衣」
④リンゴやアプリコットを原料に、砂糖やペクチンを加えて作る仕上げ専用の材料

052　ジャムの種類で、「ジェリー」とはどのようなタイプのものか。

①柑橘類の皮を使ったもの
②添加物が入っていないもの
③果肉を含まないもの
④ペクチンが添加されたもの

053　次のうち、焼き型の「セルクル」の説明として正しいものはどれか。

①底のない枠状の型
②一度に複数のマドレーヌが焼ける型
③ふちが星形で、深さがある型
④プルマン型の食パンを焼くための型

054　パンの焼き型は中に生地を入れて使うものが多いが、次のうち生地を中に入れず外側に巻きつけて使う焼き型はどれか。

①トリーノ型
②サバラン型
③コロネ型
④ブリオッシュ型

055　食パンの形は主に2種類に分けられるが、それは「山形食パン」と何か。

①イギリスパン
②角食パン
③デニッシュ食パン
④バラエティパン

056　アルミ製の食パン型は使い始めに空焼きが必要だが、次のうち空焼きの回数・温度・時間の条件として適切なものはどれか。

①1回・150℃・20分
②1回・200℃・10分
③3回・150℃・各30分
④3回・200℃・各30分

057

次のうち、イギリスパンなどの生地づくりで、生地をまとめるのに使う道具はどれか。

①ルーラー
②ブレッチェン
③ドレッジ
④ストレーナー

058

次のうち、イギリスパンの生地を分割の工程で分量調節した場合の、調節した生地ともとの生地との合わせ方として正しいものはどれか。

①切り口と切り口を合わせる
②なめらかに整えた表面同士を合わせる
③調節した生地をもとの生地で包み込む
④合わせる面に卵白を塗る

059

次のうち、イギリスパンの成形（型）に関する記述として正しいものはどれか。

①ベンチタイムが完了したら、とじ目を下にして置く
②めん棒はガスがよく抜けるように放射状にかける
③楕円形の生地を、中心が重ならないよう左右から折る
④生地の巻き終わりの向きがどちらも外を向くようにして食パン型に入れる

060

次のうち、イギリスパンの焼成に関する記述として正しいものはどれか。

①予熱は高めの温度でしっかり行うと良い
②家庭用のオーブンでは焼き色が濃くなることが多い
③焼成の直前に表面に卵を薄く塗る
④焼き上がり後はしばらくオーブンに入れたままにしておく

061　次のうち、ブリオッシュに関する記述として間違っているものはどれか。

①フランス・アルザス地方で生まれた
②卵・バターをたくさん使ったリッチなパンである
③円筒形のものは「ムスリーヌ」と呼ばれる
④シチリアでは氷菓と一緒に出される

062　次のうち、よいブリオッシュの生地を作るための前準備として正しいものはどれか。

①卵は卵白のこしを切らないように混ぜる
②バターは液状になるまで温める
③仕込水温を高めに調整する
④型は使い始めに１回空焼きしておく

063　次のうち、ブリオッシュの生地づくりでバターがきれいに入った生地の特徴として正しいものはどれか。

①非常に伸びがよく、ツヤのない状態
②非常に伸びがよく、ツヤのある状態
③弾力がありあまり伸びず、ツヤのない状態
④弾力がありあまり伸びず、ツヤのある状態

064　次のうち、ムスリーヌの最終発酵後に行う作業はどれか。

①霧吹きで水を吹きかける
②全体に米粉をふる
③はさみで十字に切り込みを入れる
④表面にバターを塗る

065

ブリオッシュの生地づくりでは生地温の温度調整が重要だが、生地に加える前の全卵の温度は夏・冬でそれぞれ何℃が目安か。

①夏：10℃、冬：20℃
②夏：10℃、冬：40℃
③夏：20℃、冬：20℃
④夏：20℃、冬：40℃

066

次のうち、ナンに関する記述として間違っているものはどれか。

①日本では木の葉形のものがポピュラーである
②ナンは本来はタンドール釜の側面に貼り付けて焼く
③ナンの仲間「バルバリ」はイランの朝食パンである
④ナンはアラビア語で「パン」という意味である

067

次のうち、ナンの生地の材料に関する記述として間違っているものはどれか。

①基本の材料として牛乳を入れる
②サラダ油を加えると生地の伸びがよくなる
③ベーキングパウダーを使う配合もある
④強力粉と同量の薄力粉を使う

068

次のうち、ナンの生地づくりに関する記述として適切でないものはどれか。

①仕込水温はリーンな生地の温度を目安に整える
②生地の伸びが良くなるよう仕込み水とサラダ油をあわせておく
③ヨーグルトの水分量に応じて水の量を調節する
④全卵はよく溶き、水・ヨーグルトと混ぜておく

069　次のうち、ナンの焼成の温度・時間として正しいものはどれか。

① 180℃、4～5分
② 180℃、14～15分
③ 200℃、4～5分
④ 200℃、14～15分

070　牛や水牛の乳を乳酸発酵させたバターを加熱・ろ過してつくる、インドのバターオイルを何というか。

①ホエー
②ジェリー
③ペコー
④ギー

071　次のうち、クイックブレッドの仲間ではないものはどれか。

①スコーン
②ナン
③ソーダブレッド
④甘食

072　次のうち、黒糖蒸しパンを作る際にボウルに材料を入れて混ぜていく順番として正しいものはどれか。

①粉類→卵→粉黒糖→サラダ油→牛乳
②卵→粉黒糖→牛乳→粉類→サラダ油
③牛乳→卵→粉黒糖→サラダ油→粉類
④サラダ油→卵→粉黒糖→牛乳→粉類

073

世界のコーヒーの大半が生産されている、南緯25度から北緯25度にかけてのエリアを何というか。

①コーヒーエリア
②コーヒーゾーン
③コーヒーワールド
④コーヒーベルト

074

次のうち、コーヒー豆の「コロンビア」に関する記述として正しいものはどれか。

①よく他の豆とのブレンドベースとして使用される
②独特の木の皮のような風味とトーストの香りが特徴である
③アフリカ最高峰の斜面で栽培されている
④最上質のものは「ゴールデン・マタリ」と呼ばれる

075

次のうち、力強い苦味とオレンジピールのような甘さのアフターフレーバーが特徴で、ドライフルーツやナッツを使った「シュトーレン」のようなパンに合うとされるコーヒー豆はどれか。

①キリマンジァロ
②モカ
③マンデリン
④グアテマラ

076

次のうち、コーヒー豆の扱いの過程が正しい順に並んでいるものはどれか。

①精製→焙煎→挽き
②精製→挽き→焙煎
③焙煎→精製→挽き
④焙煎→挽き→精製

077　次のうち、コーヒーの抽出法とその特徴の組み合わせで間違っているものはどれか。

①ペーパードリップ - 少量の粉でもおいしく淹れられる
②ネルドリップ - 布製のフィルターを使う
③コーヒーサイフォン - 水蒸気圧を利用した抽出方法である
④エスプレッソマシン - 深煎り・粗挽きの豆を使う

078　コーヒーを楽しむアレンジで、次のうちウィーンでポピュラーな飲み方はどれか。

①アイリッシュコーヒー
②メランジェ
③カフェ・ラテ
④カプチーノ

079　次のうち、紅茶のアッサムに関する記述として正しいものはどれか。

①ダージリン、キームンと並び世界三大銘茶と呼ばれる
②茶葉を松葉でいぶして作る燻製茶である
③マスカットフレーバーと賞賛される特徴的な香りをもつ
④ストレートだけでなく、ミルクティーにも合う

080　ローラーを使って茶葉を小さな粒状にする紅茶の製法を、「つぶす、裂く、丸める」という意味の英語の頭文字をとって何というか。

① CPT
② CTT
③ CTC
④ PTC

081　紅茶の等級は「オレンジペコー」「ブロークン・オレンジペコー」など茶葉の大きさで分類されるが、次のうちその理由として正しいものはどれか。

①茶葉の大小によって抽出時間が異なるため
②茶葉の大小によって保存できる期間が異なるため
③茶葉の大小によってリーフかティーバックかが決まるため
④茶葉の大小によって取引価格が異なるため

082　インドで飲まれている定番の紅茶のスタイルで、数種類のスパイスを入れて、ミルクで煮出したミルクティーを何というか。

①ラッシー
②ニルギリ
③マサラ・チャイ
④セイロンティー

083　ワインの中でも「シェリー」や「ポートワイン」は、次のうちどれに分類されるか。

①スティルワイン
②フォーティファイドワイン
③ポートワイン
④ファインワイン

084　次のうち、赤ワインに関する記述として間違っているものはどれか。

①発酵の際に果皮や種を取り除いて造る
②一般には辛口のものが多い
③タンニンという成分による渋味が特徴的である
④ナッツや全粒粉を使ったパンとの相性が良い

085

次のうち、青リンゴにたとえられる芳醇な香りが特徴で、アップルパイとの相性がよい白ワインができるというブドウの品種はどれか。

①シャルドネ
②ミュスカデ
③ソーヴィニヨン・ブラン
④リースリング

086

次のうち、赤ワインの原料となる、ミルクを思わせるまろやかな香りとブルーベリーのような味わいの親しみやすさが人気のブドウ品種はどれか。

①メルロー
②カベルネ・ソーヴィニヨン
③カルメネール
④ピノ・ノワール

087

次のうち、「ココア＋チョコクリームコロネ」のマリアージュの効果として適切なものはどれか。

①対比効果
②対応効果
③相乗効果
④抑制効果

088

酵母は、レーウェンフック氏が自ら発明した顕微鏡で、あるものを観察していて発見されたが、そのあるものとは何か。

①ワイン
②牛乳
③チーズ
④ビール

089

天然酵母のようにさまざまな種類の微生物が混在した酵母のことを、「単一酵母」に対して何というか。

①多様酵母
②複合酵母
③共存酵母
④二重酵母

090

「発酵」とは、人間に有益な酵母・カビ・細菌などの微生物が、食品中で何を行うことをいうか。

①酸化
②化学反応
③腐敗
④増殖活動

091

紀元前4000年頃、無発酵のパンを焼かずに放っておいた結果、空気中の浮遊物が落下し、膨らみのあるパンができたという国はどこか。

①ギリシャ
②トルコ
③エジプト
④ローマ

092

パンの発酵において、生地こね終了時の生地の内部で、「核」を作るものは何か。

①酸素
②アルコール
③酵母
④グルテン

093

酵母に含まれ、パンの発酵の際に、生地中の糖を炭酸ガスとアルコールにまで分解する物質は何か。

①窒素
②ホウ素
③酵素
④炭素

094

糖類は構造の上で単糖類・二糖類・多糖類の 3 つに分類されるが、次のうち単糖類の糖類はどれか。

①ショ糖
②麦芽糖
③ブドウ糖
④乳糖

095

イタリア・コモ湖周辺に浮遊する酵母を 400 年種継ぎしてきた歴史のある種を元種にして作った、市販の天然酵母は何か。

①フォカッチャマザー
②チャバッタマザー
③グリッシーニマザー
④パネトーネマザー

096

次のうち、乳酸菌を含んでおり、自家製酵母の原材料として比較的種をおこしやすい食品はどれか。

①ヨーグルト
②醤油
③チーズ
④漬け物

097

自家製のリンゴの液種づくりの材料、リンゴ200g、水400g、【？】10g。【？】に入るものは次のうちどれか。

①塩
②ハチミツ
③酢
④卵

098

次のうち、自家製のリンゴの液種づくりに関する記述として間違っているものはどれか。

①リンゴの皮と種子は取り除かずついたままにする
②1日に1回以上ガラスびんをふり、水分を行きわたらせる
③陽のあたる場所に置くと発酵がすすんでよい
④種を起こしてから完成まで平均4～5日かかる

099

自家製酵母で、原材料に水を加えて培養したものを「液種」というが、これに粉を加えてより安定した発酵種にすることを何というか。

①種返し
②種継ぎ
③種割り
④種打ち

100

自家製酵母パンの一次発酵の条件は、温度30℃、湿度75%、時間【？】。【？】に入る時間は何分か。

① 30分
② 60分
③ 120分
④ 180分

パンシェルジュ検定
Pancierge License

解　答

問題番号	答え	参照ページ
001	②	p23
002	④	p24
003	②	p25
004	③	p27
005	②	p28
006	④	p29
007	①	p31
008	②	p32
009	①	p42
010	②	p45
011	④	p47
012	③	p48
013	③	p50
014	④	p52
015	③	p53

問題番号	答え	参照ページ
016	④	p54
017	②	p55
018	④	p57
019	①	p58
020	②	p61
021	④	p63
022	①	p65
023	②	p70
024	④	p71
025	③	p73
026	①	p74
027	④	p75
028	③	p76
029	①	p77
030	④	p77

問題番号	答え	参照ページ
031	③	p80
032	①	p82
033	③	p83
034	②	p84
035	④	p85
036	③	p86
037	②	p87
038	④	p88-89
039	④	p90
040	②	p92
041	③	p95
042	④	p101
043	③	p102
044	①	p103
045	②	p104

問題番号	答え	参照ページ
046	④	p105
047	④	p106
048	①	p109
049	③	p110
050	④	p111
051	③	p112
052	③	p114
053	①	p121
054	③	p122
055	②	p123
056	④	p125
057	③	p126
058	①	p127
059	④	p128-129
060	①	p131

解　答

問題番号	答え	参照ページ
061	①	p132
062	④	p133
063	②	p134
064	③	p138
065	②	p140
066	④	p141
067	①	p142
068	②	p142
069	③	p145
070	④	p147
071	②	p148
072	②	p151
073	④	p161
074	②	p162
075	③	p163

問題番号	答え	参照ページ
076	①	p165
077	④	p167-170
078	②	p173
079	④	p175
080	③	p177
081	①	p178
082	③	p179
083	②	p180
084	①	p181
085	④	p182
086	①	p183
087	③	p185
088	④	p190
089	②	p193
090	④	p194

問題番号	答え	参照ページ
091	③	p195
092	①	p196
093	③	p198
094	③	p198
095	④	p202
096	①	p204
097	②	p205
098	③	p207
099	②	p208
100	④	p212

索引

あ

か

さ

た

な

は

ま

や

ら

わ

写真提供

株式会社毎日新聞社、及源鋳造株式会社、株式会社初雪、株式会社神戸新聞社、有限会社ナカシマパン、株式会社ドンク、株式会社ピーピーエス通信社、株式会社ダスキン、リンナイ株式会社、日本マクドナルド株式会社、日糧製パン株式会社、株式会社ローゼン、株式会社アンデルセン、株式会社タカキベーカリー、京都祇園ボロニヤ、株式会社ドリームコーポレーション、株式会社新宿高野、株式会社レアールパスコベーカリー、株式会社セブン&アイ・ホールディングス、パナソニック株式会社、JTB フォト、株式会社フリアンパン洋菓子店、王様のむしぱん高木店、ジェネオン・ユニバーサル・エンターテイメントジャパン合同会社、山崎製パン株式会社、敷島製パン株式会社、フジパン株式会社、株式会社神戸屋、有限会社ホシノ天然酵母パン種、有限会社あこ天然酵母、株式会社サラ秋田白神、株式会社ホームメイドクッキング、株式会社講談社、株式会社日立ハイテクノロジーズ、株式会社アフロ、ゲッティイメージズ

参考文献

『パンの基本大図鑑』大阪あべ辻製パン技術専門カレッジ監修／講談社
『新しい製パン基礎意識 再改訂版』竹谷光司著／パンニュース社
『パン「こつ」の科学　パン作りの疑問に答える』吉野精一著／柴田書店
『小麦粉の魅力　豊かで健康な食生活を演出』製粉振興会著／製粉振興会
『天然酵母 歴史とパンづくりへの応用』灘吉利晃著／ホームメイド協会
『燦くオンリーワン酵母』山下昭責任編集　灘吉利晃監修／ホームメイド協会
『天然酵母と国産小麦の焼きたてパン　LESSON』天然酵母パン教室 the forest、白夜書房のレシピ BOOK 編集部、他著／白夜書房
『手作りパン学習ノート』／ホームメイド協会
『バラエティーパンの教科書　ブランジェリーコム・シノワ』西川功晃著／旭屋出版
『蒸しパンの本　ふんわり、しっとり、もっちり、ほかほか。』小田川さなえ著／グラフ社
『Bakery Book 進化する日本のベーカリー』／柴田書店
『パンの事典　おいしいパンのある幸せな生活』／成美堂出版
『田口護の珈琲大全』田口護著／日本放送出版協会
『日本茶・紅茶・中国茶・健康茶　これ一冊でお茶のすべてがわかる！』大森正司監修／日本文芸社
『ビジュアルワイド　食品成分表』／東京書籍
『珈琲の楽しみ方 BOOK』田口護監修／成美堂出版
『おいしいパンの見つけ方』大和田聡子著／技術評論社
『紅茶にあう　美味しいイギリスのお菓子』林正愛著／アスペクト
『ワインを楽しむ』岩野貞雄著／永岡書店
『日本ソムリエ協会教本』／日本ソムリエ協会
『知識ゼロからの紅茶入門』日本茶葉研究会編著／幻冬舎
『一杯の紅茶の世界史』磯渕猛著／文藝春秋

総監修：株式会社ホームメイドクッキング
「手づくりで『食の安全と健康』を広めること」をテーマに、1973 年創設以来、基礎となる技術と素材にこだわった、パンづくりほか多数のコースを全国の教室で展開しています。
https://www.homemade.co.jp/
監　修：山形大学農学部生物資源学科准教授　笹沼恒男（3 章）、ホームメイド協会　顧問研究員　山下 昭（7 章）

装丁：坂井栄一（坂井図案室）
本文撮影：木藤富士夫
イラスト：ほしのちなみ
執筆・編集：和田優子（1 章）、斉藤ようこ（2 章）、岡本けい子（3、4、5、7 章）、大和田聡子（6 章）、ジーグレイプ株式会社、石飛千尋
パン制作：加藤美弥子　畔柳加代子
※本書は『パンシェルジュ検定　2 級公式テキスト　新装版』（2019 年小社刊）のカバーデザインと模擬問題を新しくして発刊したものです。どちらの本を検定対策としてお使いになられても問題はありません。

パンシェルジュ検定（けんてい）　2 級公式（きゅうこうしき）テキスト 改訂新版（かいていしんぱん）

2023 年 2 月 10 日　初版第 1 刷発行

総　監　修：ホームメイドクッキング
発　行　者：岩野裕一
発　行　所：株式会社実業之日本社
〒 107-0062　東京都港区南青山 5-4-30
emergence aoyama complex 3F
電話【編集・販売】03-6809-0495
https://www.j-n.co.jp/
印刷・製本：大日本印刷株式会社
ⓒ HOME MADE COOKING 2023　Printed in Japan
ISBN978-4-408-42125-4（書籍管理）
本書の一部あるいは全部を無断で複写・複製（コピー、スキャン、デジタル化等）・転載することは、法律で定められた場合を除き、禁じられています。
また、購入者以外の第三者による本書のいかなる電子複製も一切認められておりません。
落丁・乱丁（ページ順序の間違いや抜け落ち）の場合は、ご面倒でも購入された書店名を明記して、小社販売部あてにお送りください。送料小社負担でお取り替えいたします。
ただし、古書店等で購入したものについてはお取り替えできません。
定価はカバーに表示してあります。
小社のプライバシー・ポリシー（個人情報の取り扱い）は上記ホームページをご覧ください。